STECK-VAUGHN

América: Su historia

PRIMER LIBRO ▪ HASTA 1865

Reviewers

Manuel M. Rodriguez
Director
Adult Education Program
Yuma Elementary District No. 1
Yuma, Arizona

Maria Theresa Alonso
Bilingual/ESL Teacher
Union City Board of Education
Union City, New Jersey

Vivian Bernstein

STECK-VAUGHN
COMPANY
ELEMENTARY • SECONDARY • ADULT • LIBRARY

SOBRE LA AUTORA

Por muchos años, Vivian Bernstein ha sido maestra para el Sistema de Escuelas Públicas de la Ciudad de New York. Recibió su grado de maestría de artes de la Universidad de New York. Bernstein participa activamente en organizaciones profesionales en los estudios sociales, educación, y lectura. También ha escrito los libros *World History and You*, *World Geography and You* y *Health and You*.

CRÉDITOS

Pages 2–3: Illustrations from *Indians* by Edwin Tunis. Copyright© 1959 by Edwin Tunis. Used by permission of Thomas Y. Crowell Co. Originally published by the World Publishing Company. **Page 4:** National Collection of Fine Arts, Smithsonian Institution. **Page 9:** Library of Congress. **Page 12:** Chase Manhattan Bank. **Pages 13–14, 18–19:** Library of Congress. **Page 20:** The Bettmann Archive. **Page 23:** Jamestown Festival Park. **Page 24:** From *A History of the United States of America,* by Charles A. Goodrich, 1833. **Page 30:** Upper, From *Narrative and Critical History of America,* by Justin Windsor, 1884; Lower, Chicago Historical Society. **Page 32:** Upper, Courtesy, Mr. August A. Busch, Jr.; Lower, From *History of Alabama,* by William Garrot Brown, 1900. **Page 36:** Culver Pictures, Inc. **Page 37:** The Bettmann Archive. **Pages 42–43:** From *Dictionary of American Portraits.* **Page 42:** Library of Congress. **Page 44:** Top, Brown Brothers; Upper left, Library of Congress; Lower left, American Jewish Archives. **Page 48:** Upper, National Archives; Lower, Library of Congress. **Page 49:** Wide World Photos. **Page 50:** The Supreme Court Historical Society. **Page 54:** Upper, From *The Story of Our Country,* by Cooper, Estill, and Lemon, 1903; Lower, The Bettmann Archive. **Page 55:** The Bettmann Archive. **Page 56:** Library of Congress. **Page 60:** Upper, The Brooklyn Museum, Dick S. Ramsay Fund; Lower, Mount Vernon Ladies' Association. **Page 61:** Upper, Mount Vernon Ladies' Association; Lower, New York State Historical Association, Cooperstown. **Page 63:** From *Dictionary of American Portraits.* **Page 66:** Upper, State Historical Society of Missouri; Lower, Chicago Historical Society. **Page 68:** State Historical Society of Missouri. **Page 73:** Upper, Museum of the City of Mobile; Lower, Mariner's Museum. **Page 74:** Library of Congress. **Page 75:** Upper, Smithsonian Institution; Lower, From *Dictionary of American Portraits.* **Page 76:** Library of Congress. **Page 79:** Alabama Department of Archives and History. **Pages 80, 81** Upper: From *Indians of North America,* by Thomas L. McKenny and James Hall. **Page 81** Lower: Woolaroc Museum, Bartlesville, Oklahoma. **Page 82:** Library of Congress. **Page 85:** Upper, Mt. Holyoke College Library; Lower, Used with permission of Macmillan Publishing Co., from *Our Free Nation* by Edna McGuire and Thomas B. Portwood. Copyright © 1954, 1959, 1961, Macmillan Publishing Co., Inc. **Page 86:** Mt. Holyoke College Library. **Page 90:** Painting by Louis Eyth, Texas State Capitol. **Page 91:** Library of Congress. **Page 92:** Upper left, Painting by Dee Hernandez, Navarro Elementary School, San Antonio, Texas; Lower left, Texas State Library, Archives Division; Bottom, Painting by Cliff Young. **Page 93:** Upper, Library of Congress; Lower, University of Texas at Austin, Barker Texas History Center. **Page 96:** Texas Memorial Museum. **Page 97:** Chicago Historical Association. **Page 103:** Culver Pictures. **Page 105:** Reproduced by permission of the publisher from *United States History,* by Gavian and Hamm,© 1960 by D.C. Heath and Company, Lexington, Massachusetts; National Gallery of Art. **Page 106:** History Division, Los Angeles County Museum of Natural History. **Page 109:** Upper, State Historical Society of Missouri; Lower, Courtesy of the New-York Historical Society, New York City. **Page 110:** State Historical Society of Missouri. **Page 111:** Library of Congress. **Page 115:** Upper, Museum of the City of Mobile; Lower, New York Historical Society. **Page 116:** Upper, Library of Congress; Lower, Chicago Historical Society. **Page 117:** Upper, Valentine Museum; Lower, Library of Congress.

Cover Credits:
U.S. flag © COMSTOCK/Michael Stuckey
Photo inset of H.M.S. Rose © Rob Burlinson

Staff Credits:
Executive Editor: Elizabeth Strauss
Project Editor: Becky Ward
Cover Designer: D. Childress
Art Director: Joyce Spicer

ISBN 0-8114-6050-9

5 6 7 8 9 PO 97 96 95

CONTENIDO

CAPÍTULO 1

Los primeros americanos

Palabras nuevas ☆ Asia ★ Alaska ★ noroeste ★ pesca ★ sudoeste ★ medio oeste ★ los Grandes Llanos ★ millones ★ búfalo ★ bosques ★ metal ★ arco y flecha ★ orgulloso

En este libro se narra la historia de nuestro país, los Estados Unidos de América. Hace mucho tiempo, no vivía nadie en América. Los primeros pobladores que llegaron aquí fueron los indígenas. Los indígenas vivían en América antes de que otros pobladores llegaran.

Hace miles de años, los indígenas vivían en Asia. ¡Estos indígenas caminaron desde Asia hasta Alaska! ¿Cómo lo hicieron? Hoy en día no se puede caminar de Asia a Alaska. Los dos lugares están separados

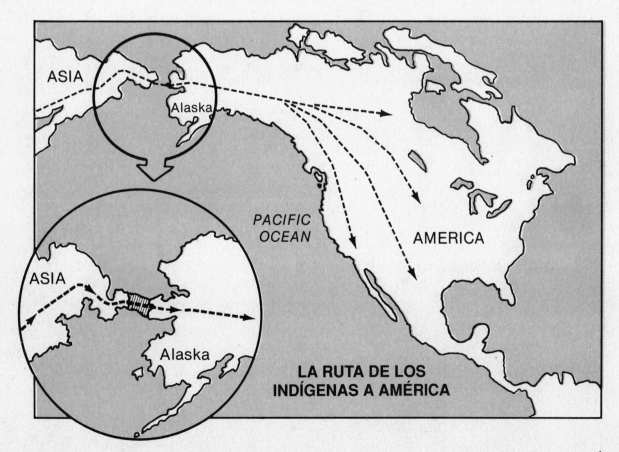

ASIA

Alaska

PACIFIC OCEAN

AMERICA

ASIA

Alaska

LA RUTA DE LOS INDÍGENAS A AMÉRICA

1

Los indígenas del noroeste atrapaban el salmón en grandes cestas y ahí lo pescaban con arpones.

UNA NIÑA INDÍGENA DEL SUDOESTE

por el agua. Pero hace miles de años, había tierra entre Asia y Alaska. Los indígenas caminaron sobre esta tierra para llegar a Alaska. De ahí caminaron hacia el sur hasta llegar a lo que hoy llamamos los Estados Unidos. Los indígenas vivían en muchas partes de los Estados Unidos.

Los indígenas hacían de todo. Como no había mercados ni tiendas, tenían que cazar animales y cultivar plantas para alimentarse. Además, las mujeres cosían toda la ropa de sus familias.

Muchos indígenas fueron al noroeste. Había muchos peces en los ríos y océanos. Los indígenas del noroeste iban de pesca para conseguir alimentos. Comían pescado todos los días.

Algunos indígenas fueron al sudoeste. Había pocos árboles y pocos peces y animales para comer. Llovía poco. Estos indígenas del sudoeste se dedicaron a la agricultura. Cultivaban maíz y frijoles para comer y algodón para hacer su ropa.

REGIONES DE LOS ESTADOS UNIDOS

En el medio oeste de los Estados Unidos, la tierra era muy plana. A esta tierra plana la llamamos los Grandes Llanos. En los Grandes Llanos vivían millones de búfalos. Los indígenas que vivían en esta zona se dedicaron a la caza. Estos cazadores comían carne de búfalo.

En el este de los Estados Unidos, había muchos bosques. Muchos animales vivían en estos bosques. Los indígenas de esta zona eran cazadores. Cazaban venados y pavos para comérselos. También eran agricultores. Cultivaban maíz y frijoles para sus familias.

Todos estos indígenas fabricaban sus propias herramientas. Las necesitaban para la caza, la agricultura y la pesca. Hacían estas herramientas de piedra y huesos de animales. No tenían herramientas de metal. Hacían los cuchillos de piedra. Cazaban con arcos y flechas. No tenían pistolas.

En la actualidad, hay muchos indígenas en los Estados Unidos. Todavía muchos disfrutan de los bailes, canciones e historias que les gustaban a sus antepasados hace muchos años. Sin embargo, ya no viven como solían vivir. Hoy en día los indígenas tienen empleos diversos. Hay médicos y maestros

Los indígenas del este cazaban venados y pavos para alimentarse.

indígenas. Otros se dedican a la agricultura o la construcción. Ellos están orgullosos de ser los primeros en formar nuestro país. Están orgullosos de ser los primeros americanos.

Los indígenas que vivían en los Grandes Llanos cazaban búfalos para obtener alimentos y ropa.

USA LO QUE HAS APRENDIDO

★ Lee y recuerda

Completa ★ Escoge una palabra en negrita y escríbela en el espacio en blanco para completar cada oración.

americanos	piedra	Asia	empleos	maíz
pesca	caza	este	búfalos	

1. Los indígenas fueron los primeros _____.

2. Los indígenas caminaron desde _____ hasta Alaska.

3. Los indígenas que vivían en el noroeste iban de _____.

4. Los indígenas agricultores del sudoeste cultivaban frijoles y

_____.

5. Los _____ eran animales que vivían en los Grandes Llanos.

6. Los indígenas que vivían en los Grandes Llanos se dedicaban

   a la _____.

7. Los indígenas que vivían en los bosques en el _____
   eran cazadores.

8. Los indígenas hacían sus herramientas de huesos de animales y

   de _____.

9. Hoy en día los indígenas tienen _____ diversos.

★ Razona y aplica

Ordena los hechos ★ Indica el orden en que ocurrieron los hechos.
Escribe **1, 2, 3** ó **4** antes de la oración. El primero ya está hecho.

_____ Hoy en día los indígenas están orgullosos de ser los
primeros americanos.

_____ Los indígenas caminaron desde Asia hasta Alaska.

_____ Algunos indígenas del este se dedicaron a la caza.

__1__ Los indígenas vivían en Asia.

★ Composición

Usando tus propias palabras, escribe cuatro oraciones que digan
cómo vivían los indígenas norteamericanos. Puedes volver a leer la
historia antes de escribir.

_____

_____

_____

_____

_____

★ Crucigrama

En cada una de las oraciones que siguen, falta una palabra. Escoge la palabra en negrita que completa cada oración. Escribe la palabra en el lugar correspondiente en el crucigrama.

HORIZONTALES

flecha cazador agricultores huesos piedra Alaska

1. Hacían sus herramientas de ____ de animales.
2. Los que cultivaban verduras eran ____.
3. Un indígena que mataba animales para comérselos era un ____.
4. Los cuchillos indígenas se hacían de ____.
5. Los cazadores indígenas usaban el arco y la ____.
6. Hace muchos años había tierra entre Asia y ____.

VERTICALES

este Asia sudoeste tiendas metal frijoles

7. Los indígenas comían maíz y ____.
8. Los indígenas del ____ cultivaban algodón para hacer su ropa.
9. Los indígenas en el ____ eran cazadores y agricultores.
10. Los indígenas no tenían ____ donde comprar artículos.
11. No tenían herramientas de ____.
12. Los indígenas vivían en ____ antes de llegar a América.

CAPÍTULO 2

Cristóbal Colón

Palabras nuevas ☆ Italia ★ Europa ★ India ★ joyas ★ especias ★ África ★ ruta ★ peligroso ★ Océano Atlántico ★ España ★ la reina Isabel ★ descubrir

---

CRISTÓBAL COLÓN

Cristóbal Colón vivió hace mucho tiempo. Colón nació en 1451 en Italia. Llegó a ser marino y también sabía hacer mapas.

Hace mucho tiempo, todos pensaban que la Tierra era plana. La mayoría de los europeos pensaba que no había tierra entre Europa y Asia. Sólo los indígenas de América sabían que existía esta tierra.

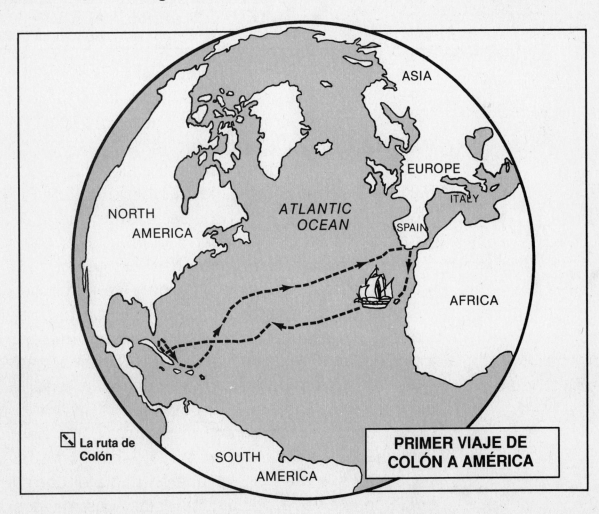

ASIA

EUROPE

ITALY

NORTH AMERICA

ATLANTIC OCEAN

SPAIN

AFRICA

◤ La ruta de Colón

SOUTH AMERICA

PRIMER VIAJE DE COLÓN A AMÉRICA

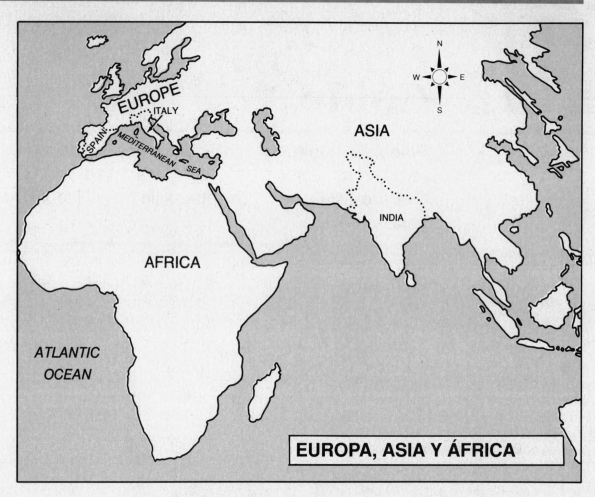

EUROPA, ASIA Y ÁFRICA

En aquella época, los europeos viajaban a la India en busca de joyas y especias. La mayoría de las veces, viajaban alrededor de África para llegar a la India. Esta ruta era larga y peligrosa.

Cristóbal Colón quería encontrar una manera más fácil de viajar a la India, ya que él no creía que la Tierra fuera plana. Colón decía: —Creo que la Tierra es redonda. Podemos llegar a la India si cruzamos el Océano Atlántico navegando hacia el oeste.

Muchos no le creyeron a Colón y se rieron de él.

Colón fue a España porque necesitaba barcos y marinos para cruzar el Océano Atlántico. Por eso fue a ver a Isabel, la reina de España. La reina Isabel creía que Colón tenía razón y que podría llegar a la India si navegaba hacia el oeste. La reina ayudó a Colón, dándole tres barcos pequeños. Estos barcos se llamaban *la Niña*, *la Pinta* y *la Santa María*.

Colón y sus marinos navegaron hacia el oeste. No pudieron ver tierra por muchos días. Los marinos tenían miedo y le decían a Colón: —Regresemos a España—. Colón era más valiente que los marinos y les dijo: —No regresaremos. Navegaremos hasta que lleguemos a la India.

En el día 12 de octubre de 1492, ya hacía 33 días que los marinos no veían tierra. Ese mismo día los tres barcos llegaron a una isla que estaba cerca de América. Al llegar a tierra, los marinos perdieron el miedo que tenían.

Colón creyó que estaba en la India, pero no era cierto. Había habitantes en esta isla. Colón los llamó indios porque creía que había llegado a la India. Hoy en día los llamamos indios americanos porque Colón había llegado a América.

En la actualidad decimos que Colón descubrió a América en 1492.

Después de viajar por muchos días, Colón llegó finalmente a una isla cerca de América.

★

USA LO QUE HAS APRENDIDO

★ Lee y recuerda

Encierra la respuesta ★ Dibuja un círculo alrededor de la respuesta correcta.

1. ¿Adónde quería ir Colón?

   a América   a la India   a Europa

2. ¿Por qué quería la gente ir a la India?

   para viajar   para buscar joyas y especias   para ver búfalos

3. ¿Cómo creía Colón que era la Tierra?

   redonda   plana   cuadrada

4. ¿Qué le dio la reina Isabel a Colón?

   joyas   barcos   especias

5. ¿Qué océano cruzó Colón navegando hacia el oeste?

   el Océano Pacífico   el Océano Índico   el Océano Atlántico

6. ¿Cómo llamó Colón a los habitantes de América?

   indios   americanos   asiáticos

7. ¿Cuándo descubrió Colón a América?

   1492   1451   1412

★ Desarrollo de destrezas

Usa las direcciones de un mapa ★ Los puntos cardinales son **norte**, **sur**, **este** y **oeste**. En los mapas los puntos cardinales se muestran con el símbolo de **la brújula**.

También puedes usar las letras **N**, **S**, **E** y **O** para mostrar la dirección en una brújula. Escribe las letras **N**, **S**, **E** y **O** en su lugar en la brújula. El primero está hecho.

Observa de nuevo el mapa de la página 7. Luego, completa cada oración con la palabra **norte**, **sur**, **este** u **oeste**.

1. Europa está al _____ del Océano Atlántico.

2. América del Norte está al _____ del Océano Atlántico.

3. América del Sur está al _____ de América del Norte.

4. Europa está al _____ de África.

★ Razona y aplica

Busca la idea principal ★ La idea principal es una idea importante en un capítulo. Las ideas menos importantes apoyan la idea principal. Lee los grupos de oraciones que siguen. Una oración es la idea principal. Las otras dos la apoyan. Escribe una **P** junto a la oración que exprese la idea principal de cada grupo. El primero está hecho.

1. _____ Los europeos querían joyas de la India.

   _____ Los europeos querían especias de la India.

   _P_ Los europeos navegaban alrededor de África en busca de joyas y especias de la India.

2. _____ La ruta a la India era peligrosa.

   _____ Colón quería encontrar una mejor ruta para ir a la India.

   _____ La ruta a la India era muy larga.

3. _____ En 1492, Colón navegó por muchos días para llegar a América.

   _____ Colón navegó por 33 días.

   _____ Colón tenía tres barcos: *la Niña*, *la Pinta* y *la Santa María*.

4. _____ Colón quería llegar a la India.

   _____ Nadie en Europa sabía que existía América.

   _____ Cuando Colón llegó a América, pensó que estaba en la India.

CAPÍTULO 3
Los españoles exploran América

Palabras nuevas ☆ españoles ★ México ★
América del Sur ★ Francisco Coronado ★ explorar ★
Hernando de Soto ★ Florida ★ río Mississippi ★
católico ★ misiones ★ Texas ★ California ★
New Mexico ★ sacerdotes ★ Santa Fe

MONEDAS ESPAÑOLAS

Cristóbal Colón descubrió a América para España en 1492. El rey de España quería que algunas personas se fueran a vivir a América. Algunos españoles fueron a México y a la América del Sur. El rey quería que ellos encontraran oro en América y se lo mandaran a España. Quería que España fuera muy rica.

Francisco Coronado vivía en México y quería encontrar oro para España. Oyó hablar de las siete ciudades que estaban hechas de oro y pensó que podría encontrarlas en los Estados Unidos. En 1540 Coronado y 300 soldados españoles fueron al

Por dos años Coronado y sus soldados buscaron oro.

12

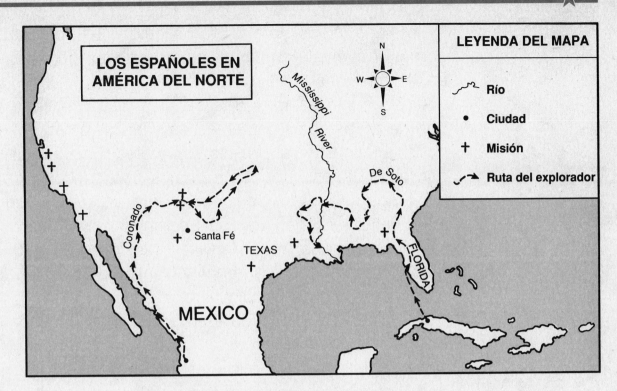

LOS ESPAÑOLES EN AMÉRICA DEL NORTE

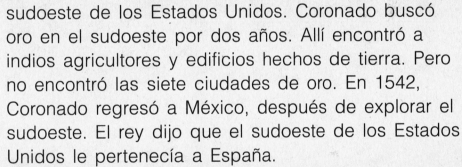

LEYENDA DEL MAPA

- ∿ Río
- • Ciudad
- † Misión
- ⌐ Ruta del explorador

sudoeste de los Estados Unidos. Coronado buscó oro en el sudoeste por dos años. Allí encontró a indios agricultores y edificios hechos de tierra. Pero no encontró las siete ciudades de oro. En 1542, Coronado regresó a México, después de explorar el sudoeste. El rey dijo que el sudoeste de los Estados Unidos le pertenecía a España.

Hernando de Soto también quiso encontrar las siete ciudades de oro para España. En 1539 fue a la Florida con más de 700 hombres. Buscó oro en el sudeste de los Estados Unidos. Mientras buscaba oro, llegó a un río muy grande. Era el río Mississippi. De Soto fue la primera persona de Europa que vio este río. Nunca encontró las siete ciudades de oro. El rey de España reclamó la Florida también.

Los españoles vinieron a América en busca de oro pero no lo encontraron en los Estados Unidos. Otros españoles llegaron al sudoeste de los Estados Unidos. Querían que los indios se convirtieran a la religión católica. Por eso los españoles construyeron misiones en Texas, California y New Mexico. Cada misión tenía una iglesia. Los sacerdotes trabajaban en las misiones, enseñándoles muchas cosas a los

HERNANDO DE SOTO

UN SACERDOTE ESPAÑOL

indios. Los indios aprendieron a cuidar de sus vacas, cerdos y ovejas. También recibían buenas comidas en las misiones.

Algunas veces, los indios se iban de las misiones porque no estaban contentos en ellas. A estos indios no les gustaba vivir con los españoles. Querían vivir con otros indios. Algunas misiones cerraron cuando los indios se fueron, pero otras lograron crecer aún más. Estas misiones se convirtieron en pueblos. Santa Fe era una misión en New Mexico. Muchas personas empezaron a llegar y Santa Fe se convirtió en un pueblo. Hoy en día es una ciudad.

El sudoeste y la Florida fueron territorios de España por 300 años. Si viajamos al sudoeste, podemos visitar algunas de las misiones españolas. Hoy en día no es común que vivan indios ni sacerdotes en las misiones. Muchas de las ciudades del sudoeste todavía tienen nombres españoles.

Los españoles construyeron misiones en el sudoeste.

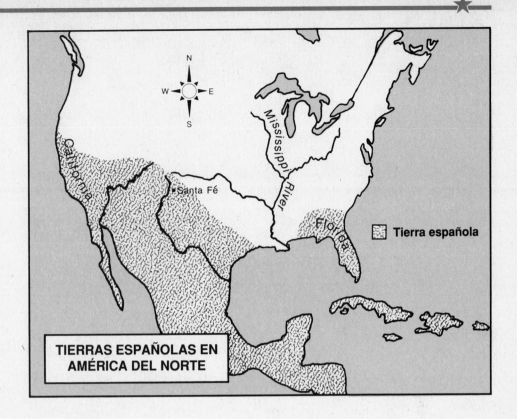

Tierra española

TIERRAS ESPAÑOLAS EN
AMÉRICA DEL NORTE

USA LO QUE HAS APRENDIDO

★ Lee y recuerda

Completa la oración ★ Dibuja un círculo alrededor de la palabra o
frase que complete cada oración.

1. El rey de España quería que los exploradores buscaran ____.

   oro   alimento   búfalos

2. Coronado exploró el ____ de los Estados Unidos.

   noroeste   sudoeste   sudeste

3. De Soto buscó oro en el ____.

   noroeste   sudoeste   sudeste

4. De Soto fue el primer europeo que vio el ____.

   Océano Atlántico   sudeste   río Mississippi

5. Coronado y de Soto trataron de encontrar las ____ ciudades de oro.

   cinco   seis   siete

6. Los españoles construyeron _____ para los indios.

   granjas   tiendas   misiones

7. _____ aprendieron a cuidar de sus vacas, cerdos y ovejas.

   Coronado   De Soto   Los indios

Cierto o falso ★ Escribe una **C** junto a la oración si es cierta o una **F** si es falsa.

_____ 1. El rey de España dijo que la Florida le pertenecía a España.

_____ 2. Los españoles querían que los indios se convirtieran en católicos.

_____ 3. Los españoles encontraron mucho oro en los Estados Unidos.

_____ 4. Coronado encontró a indios en el sudoeste.

_____ 5. Los españoles construyeron misiones para los indios.

_____ 6. Ninguna de las misiones tenía una iglesia.

_____ 7. Santa Fe era una misión española.

★ Razona y aplica

Compara ★ Lee las oraciones que siguen. Decide si hablan del viaje de Coronado o sobre el viaje de de Soto. Escribe una **C** junto a cada oración que hable del viaje de Coronado y una **D** junto a cada una que hable sobre el viaje de de Soto.

1. _____ Viajó a la Florida.

2. _____ Viajó al sudoeste de los Estados Unidos.

3. _____ Había más de 700 personas en este viaje.

4. _____ Había más de 300 soldados en este viaje.

5. _____ Se encontraron edificios indios hechos de tierra.

6. _____ Fue la primera vez que un europeo vio el río Mississippi.

7. _____ Después de este viaje, la Florida le pertenecía a España.

★ Desarrollo de destrezas

Usa la leyenda del mapa ★ Los mapas nos suelen mostrar muchas cosas. A veces los mapas nos dan información por medio de dibujitos. La leyenda del mapa nos dice lo que significan estos dibujos. Observa la leyenda que sigue. Escribe lo que significa cada dibujo en los blancos correspondientes.

LEYENDA DEL MAPA	
∿ Río	† 1._____
• Ciudad	• 2._____
† Misión	↝ 3._____
↗ Ruta del explorador	∿ 4._____

Usa el mapa y su leyenda en la página 13 para completar estas oraciones. Dibuja un círculo alrededor de la palabra o número que complete cada oración.

1. Hay _____ misiones en el mapa.

    12   10   40

2. Había _____ misiones en el oeste de los Estados Unidos.

    7   15   25

3. Hay _____ río en este mapa.

    1   2   3

4. La ruta de Hernando de Soto empezó en el _____.

    este   norte   oeste

5. La ruta de Coronado empezó en el _____.

    norte   oeste   este

CAPÍTULO 4

El primer Día de Acción de Gracias

Palabras nuevas ☆ peregrinos ★ Inglaterra ★ Holanda ★ libertad de religión ★ holandés ★ inglés ★ *Mayflower* ★ Massachusetts ★ Plymouth ★ horrible

Hace mucho tiempo, los peregrinos vivían en Inglaterra. Todos en Inglaterra tenían que rezar en la iglesia del rey. A los peregrinos no les gustaba esta iglesia y preferían rezar en la suya.

Los peregrinos se fueron de Inglaterra al pequeño país de Holanda. Allí había libertad de religión. La libertad de religión quiere decir que las personas pueden rezar como deseen. En Holanda, los peregrinos podían rezar en su propia iglesia.

Los peregrinos llegaron a tierra después de muchos meses en el mar. Estaban contentos de haber llegado a su nuevo hogar.

Los peregrinos construyeron su iglesia antes de construir sus casas.

La gente de Holanda habla holandés. Como los peregrinos hablaban inglés y tenían costumbres inglesas, estaban descontentos. Decidieron viajar a América donde podrían vivir como quisieran y tener libertad de religión.

En 1620, los peregrinos salieron de Holanda para América en un barco. Este barco se llamaba *Mayflower*. El viaje fue lento y el tiempo era lluvioso y frío. Muchos peregrinos se enfermaron.

El *Mayflower* llegó a Massachusetts. Los peregrinos fundaron un pueblo que llamaron Plymouth. Busca a Massachusetts en el mapa de la página 29. El primer invierno en Plymouth era horrible. Muchos peregrinos se murieron porque tenían muy pocos alimentos.

Los peregrinos construyeron primero su iglesia y después sus casas. Los indios los ayudaron a cazar, a pescar y a sembrar maíz. Gracias a los indios, los

Celebrando el primer Día de Acción de Gracias

peregrinos estaban preparados para el próximo invierno.

Los indios y los peregrinos celebraron el primer Día de Acción de Gracias en noviembre de 1621. Los peregrinos les dieron las gracias a Dios y a los indios por haberlos ayudado. Éste fue el primer Día de Acción de Gracias en América.

USA LO QUE HAS APRENDIDO

★ Lee y recuerda

Encierra la respuesta ★ Dibuja un círculo alrededor de la respuesta correcta.

1. ¿Dónde vivían primero los peregrinos?

   Holanda   Inglaterra   América

2. ¿Adónde viajaron primero los peregrinos?

   a Holanda   a América   a la India

3. ¿Cuál era el nombre del barco de los peregrinos?

   Niña   *Mayflower*   *Pinta*

4. ¿Por qué vinieron a América los peregrinos?

para hacerse agricultores   para practicar su religión

para conocer a los indios

5. ¿Qué pueblo fundaron los peregrinos en América?

Massachusetts   Plymouth   Boston

6. ¿Cómo ayudaron los indios a los peregrinos?

les enseñaron a cazar y a pescar   construyeron una iglesia

les dieron un lugar para vivir

★ Razona y aplica

Causa y efecto ★ Una **causa** es algo que hace que otra cosa ocurra. Lo que ocurre es un **efecto**.

CAUSA = Sonó el timbre de la puerta.
EFECTO = El señor Ruiz abrió la puerta.

Lee cada par de oraciones. Decide cuál es la causa (lo que pasa primero) y cuál es el efecto (lo que pasa después). Escribe una **C** junto a la causa y una **E** junto al efecto. El primer par está hecho.

1. __C__ Los peregrinos tenían que rezar en la iglesia del rey.

   __E__ Los peregrinos se fueron de Inglaterra.

2. _____ Los peregrinos salieron de Holanda para América.

   _____ Los peregrinos no podían mantener sus costumbres en Holanda.

3. _____ Llovió e hizo frío durante el largo viaje a América.

   _____ Muchos peregrinos se enfermaron.

4. _____ Muchos peregrinos se murieron en el primer invierno.

   _____ Los peregrinos tenían pocos alimentos en el largo invierno.

5. _____ Los peregrinos empezaron a sembrar maíz.

   _____ Los indios les enseñaron a los peregrinos a sembrar maíz.

6. _____ Los indios ayudaron a los peregrinos a prepararse para el próximo invierno.

   _____ Los peregrinos les dieron las gracias a los indios.

★ Composición

Escribe un párrafo para decir por qué daban gracias los peregrinos.
Incluye por lo menos tres razones.

_____

_____

_____

_____

★ Crucigrama

En cada una de las oraciones que siguen, falta una palabra. Escoge
la palabra en negrita que completa cada oración. Escribe la palabra
en el lugar correspondiente en el crucigrama.

HORIZONTALES

**Holanda   indios
Massachusetts**

1. Había libertad de religión en
   _____.

2. El *Mayflower* llegó a _____.

3. Los peregrinos y los _____
   celebraron su primer Día de
   Acción de Gracias.

VERTICALES

**pesca   Plymouth
holandés**

4. Los peregrinos fundaron un
   pueblo llamado _____.

5. Los habitantes de Holanda
   hablan _____.

6. Los indios ayudaron a los
   peregrinos en la caza y la
   _____.

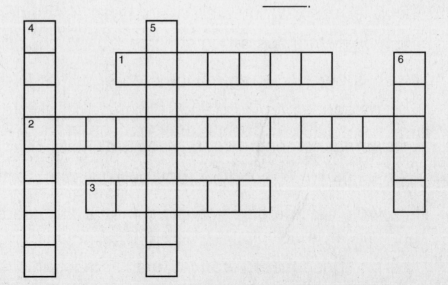

CAPÍTULO 5
Las primeras colonias inglesas

Palabras nuevas ☆ colonos ★ Jamestown ★
Virginia ★ colonia ★ puritanos ★ Roger Williams ★
Providence ★ Rhode Island ★ Anne Hutchinson ★
Maryland ★ cuáqueros ★ William Penn ★
Pennsylvania ★ James Oglethorpe ★ Georgia

UN BARCO INGLÉS

Sabemos que los peregrinos llegaron a América
porque querían tener libertad de religión. Los
peregrinos no fueron el primer grupo inglés en vivir
en América. El primer grupo inglés vino a América
en 1585, pero no pudo establecerse.

En 1607, llegaron más colonos ingleses a América.
Fundaron una población llamada Jamestown en la
colonia de Virginia. Una colonia era tierra que le
pertenecía a Inglaterra. Los ingleses no vinieron a
Jamestown por la libertad de religión. Vinieron
porque querían buscar oro, pero no lo encontraron.

Estas casas se parecen a las que construyeron los
primeros colonos ingleses en Jamestown.

23

Al principio, no querían trabajar los colonos de
Jamestown. No querían sembrar ni construir casas.
Resultó que los colonos pasaron mucha hambre
durante el primer invierno. Luego empezaron a
trabajar mucho. Construyeron granjas y casas. Más
personas vinieron a vivir en Jamestown, y la mayoría
no regresó a Inglaterra.

Los puritanos eran otro grupo de ingleses que no
quería rezar en la iglesia del rey. En el año 1628, un
grupo de puritanos llegó a América. Luego llegaron
más puritanos. Ellos establecieron colonias en
Massachusetts. Todos en Massachusetts tenían que
rezar en las iglesias puritanas. Los puritanos no
dejaban que otros tuvieran libertad de religión.

Roger Williams vivía con los puritanos, pero no
estaba contento en la colonia de Massachusetts. Él
dijo: —Todos deben tener libertad de religión. Las
personas deben tener el derecho de rezar en la
iglesia que deseen—. En 1636 Williams se fue de
Massachusetts y fundó la ciudad de Providence en
Rhode Island. Fue la primera ciudad de América
donde había libertad de religión.

Roger Williams fundó una nueva colonia en Rhode Island.

24

Anne Hutchinson se fue de Massachusetts y
fundó una nueva población en Rhode Island.

Anne Hutchinson era una mujer que vivía en
Massachusetts. Anne creía que todos debían tener
libertad de religión. Los puritanos querían que ella se
fuera de Massachusetts. Ella se fue a Rhode Island
en 1638 y fundó una población. En esta población
había libertad de religión.

Muchísimos ingleses venían a América para tener
libertad de religión. Los católicos no tenían esta
libertad en Inglaterra. En 1634, 300 católicos llegaron
a América y fundaron una colonia en Maryland.

Los cuáqueros tampoco querían rezar en la iglesia
del rey. William Penn era un cuáquero. En 1681
fundó la colonia de Pennsylvania. Allí había libertad
de religión para todos. Los indios se llevaban bien
con William Penn, y había paz en la colonia.

En Inglaterra había gente que no tenía dinero. Las
personas que tenían deudas iban a la cárcel. Estas
personas no podían trabajar ni ayudar a sus familias.
James Oglethorpe fundó la colonia de Georgia para
ayudar a estas personas. En 1733 James Oglethorpe

JAMES OGLETHORPE

fue a Georgia con 120 personas. Estas personas trabajaron mucho en Georgia. Establecieron granjas y construyeron casas. Mucha gente pobre de Europa venía a vivir y a trabajar en la colonia de Georgia.

Cada año, más ingleses venían a vivir en las colonias que estaban cerca del Océano Atlántico. El mapa de la página 29 es un mapa de las colonias inglesas. En 1753 había trece colonias inglesas en las costas del Océano Atlántico.

USA LO QUE HAS APRENDIDO

★ **Lee y recuerda**

Escribe y contesta ★ Escribe una oración que conteste la pregunta.

1. ¿Por qué fueron los ingleses a Jamestown?_____

_____

2. ¿Por qué no quería Roger Williams vivir con los puritanos en

Massachusetts? _____

_____

3. ¿Por qué se fue Anne Hutchinson de Massachusetts? _____

_____

4. ¿Por qué vinieron los católicos a América? _____

_____

5. ¿Quién fundó la colonia de Pennsylvania?_____

_____

6. ¿A quiénes llevó James Oglethorpe a Georgia?_____

_____

★ Razona y aplica

Saca conclusiones ★ Lee las primeras dos oraciones que siguen y luego lee la tercera. Fíjate cómo ésta sigue a las primeras dos oraciones. Esto se llama una **conclusión**.

No había libertad de religión en Inglaterra.
Los peregrinos querían rezar en su propia iglesia.

CONCLUSIÓN Los peregrinos se fueron de Inglaterra en busca de libertad de religión.

Lee las primeras dos oraciones. Escoge de la caja de abajo la conclusión correspondiente. Escribe su letra en el espacio en blanco. El primero está hecho.

1. Los colonos no querían sembrar.
   Los colonos no querían construir casas.

   Conclusión __d__

2. Los puritanos no dejaban que otros tuvieran libertad de religión.
   Roger Williams quería la libertad de religión.

   Conclusión _____

3. Los puritanos no dejaban que otros tuvieran libertad de religión.
   No les gustaba la forma en que Anne Hutchinson quería cambiar las cosas.

   Conclusión _____

4. Había libertad de religión en Pennsylvania.
   Los indios se llevaban bien con William Penn.

   Conclusión _____

5. Muchos ingleses fueron a la cárcel por tener deudas.
   James Oglethorpe quería ayudar a estas personas.

   Conclusión _____

---

a. Le pidieron que se fuera por sus ideas.
b. Él empezó una colonia con gente de las cárceles inglesas.
c. Se fue de Massachusetts para empezar su propia colonia.
d. Pasaron hambre y frío el primer invierno.
e. En la colonia había paz.

★ Desarrollo de destrezas

Lee una tabla ★ Una **tabla** demuestra un grupo de hechos. Las tablas te ayudan a averiguar datos rápidamente. La tabla que sigue da información acerca de las colonias inglesas en América. Lee la tabla y contesta las preguntas.

¿Dónde estaba la colonia?	¿Quién fundó la colonia?	¿Cuándo se fundó la colonia?	¿Por qué se fundó la colonia?
Providence, Rhode Island	Roger Williams	1636	por la libertad de religión
Una población en Rhode Island	Anne Hutchinson	1638	por la libertad de religión
Maryland	Los católicos	1634	por la libertad de religión
Pennsylvania	William Penn	1681	por la libertad de religión
Georgia	James Oglethorpe	1733	para ayudar a los pobres

1. ¿Quién fundó la colonia en Providence, Rhode Island? _____

   _____

2. ¿Cuándo se fundó la colonia de Pennsylvania?_____

3. ¿Qué colonia fundó James Oglethorpe?_____

4. ¿Cuándo fundó Anne Hutchinson una colonia? _____

5. ¿Por qué fundaron los católicos la colonia de Maryland? _____

   _____

6. ¿Qué colonia se fundó para ayudar a los pobres?_____

   _____

7. ¿Qué colonia se fundó primero? _____

★ Desarrollo de destrezas

Lee el mapa histórico ★ Un mapa histórico muestra cómo era una región. El mapa histórico de esta página muestra las trece colonias inglesas en 1753.

Se ha puesto un número junto a cada colonia del mapa. Escribe el nombre de la colonia en el espacio en blanco que corresponde al número de la colonia en el mapa. El primero está hecho.

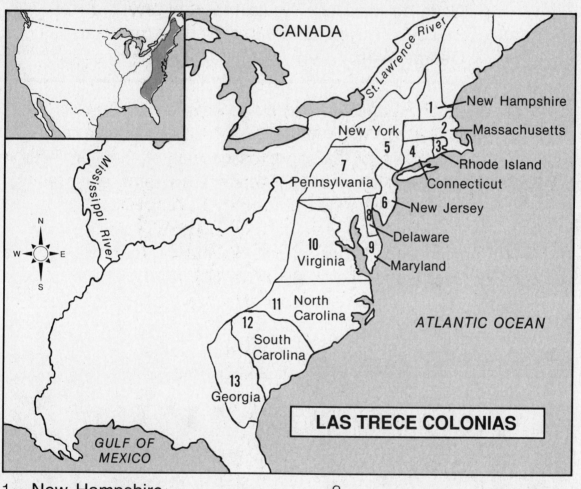

1. <u>New Hampshire</u>

2. _____

3. _____

4. _____

5. _____

6. _____

7. _____

8. _____

9. _____

10. _____

11. _____

12. _____

13. _____

CAPÍTULO 6 Los franceses llegan a América

10-8-01

Palabras nuevas ☆ ganar ★ francés ★ Jacques Cartier ★ Canadá ★ río St. Lawrence ★ Francia ★ La Salle ★ explorador ★ cuerpo de agua ★ Golfo de México ★ Louisiana ★ el rey Luis ★ St. Louis ★ New Orleans ★ piel ★ comerciar ★ George Washington

---

UN BARCO FRANCÉS

Muchos ingleses vinieron a América por la libertad de religión. Muchos pobres vinieron para trabajar y ganar dinero. Ya sabemos que los españoles vinieron en busca de oro. Los franceses vinieron a América también. ¿Por qué crees que lo hicieron?

El rey de Francia quería encontrar una ruta más corta para llegar a Asia. En 1534 el rey envió a Jacques Cartier a América.

Cartier quería encontrar un río en América que se pudiera seguir hasta llegar a Asia. Por eso salió para Canadá. No pudo encontrar el río que lo llevara a

La Salle dijo que la tierra que rodeaba el río Mississippi se llamaría Louisiana.

30

Asia, pero descubrió el río St. Lawrence. Busca este río en el mapa de esta página. Cartier reclamó toda la tierra que rodeaba el río por el rey de Francia, pero regresó a Francia sin encontrar una ruta a Asia.

La Salle era otro explorador francés. Un explorador busca nuevas tierras. La Salle vino a América a buscar nuevas tierras para Francia, y en 1682 navegó por el río St. Lawrence hasta el río Mississippi. De ahí continuó por el río Mississippi hasta el sur de los Estados Unidos. En el sur hay un cuerpo de agua que se llama el Golfo de México. La Salle fue la primera persona en navegar por el río Mississippi hasta llegar al golfo.

Al lado del río Mississippi, La Salle plantó una cruz muy grande y una bandera francesa. Dijo: —Toda la tierra alrededor del río Mississippi le pertenece al rey Luis de Francia y se llamará Louisiana—. Las tierras alrededor de los ríos Mississippi y St. Lawrence le pertenecían a Francia.

El rey de Francia envió a más personas a América. Los franceses fundaron dos ciudades en el

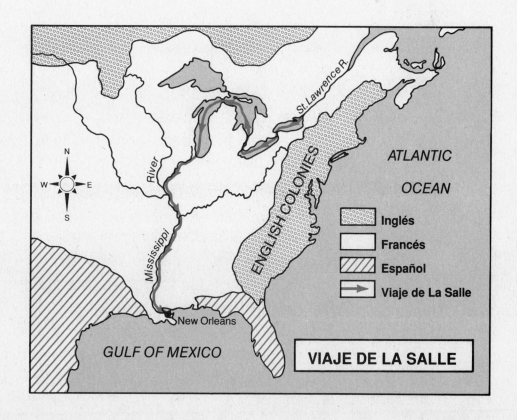

VIAJE DE LA SALLE

La nueva población de St. Louis se construyó donde se unían dos grandes ríos.

SOLDADO FRANCÉS

SOLDADO INGLÉS

Mississippi —St. Louis y New Orleans. New Orleans está cerca del Golfo de México.

Los franceses no construyeron muchas granjas y poblaciones en América. Vinieron a América en busca de pieles. Los indios cazaban animales por sus pieles. Los franceses comerciaban en pieles con los indios y vendían estas pieles en Francia por mucho dinero.

Muchos franceses vinieron a América para buscar pieles y para hacerse ricos. Otros, como los sacerdotes franceses, vinieron para convertir a los indios a la religión católica.

Inglaterra no quería que Francia tuviera tierras en América. Muchos ingleses de las trece colonias querían ir al oeste, a Louisiana, pero Francia no quería que los ingleses vivieran allí. Para 1754 Francia e Inglaterra luchaban en América. Esta lucha se llama la guerra contra los indios y los franceses. Los indios ayudaron a ambos bandos. George Washington vivía en la colonia de Virginia y ayudó a los soldados ingleses. Los soldados lucharon por muchos años.

Los indios llevaban las pieles a las poblaciones francesas para venderlas.

La guerra terminó en 1763 y Francia la perdió. Después de la guerra, las tierras del Canadá y también las tierras al este del río Mississippi le pertenecían a Inglaterra. España era dueña de las tierras al oeste del Mississippi y de las ciudades de St. Louis y New Orleans. Francia perdió todas sus tierras en América.

USA LO QUE HAS APRENDIDO

★ Lee y recuerda

Completa la oración ★ Dibuja un círculo alrededor de la palabra o frase que complete cada oración.

1. Jacques Cartier descubrió el río _____.

   St. Lawrence   Mississippi   Hudson

2. La Salle navegó por el río _____ hasta el Golfo de México.

   St. Lawrence   Mississippi   Hudson

3. Los franceses comerciaban _____ con los indios.

   en oro   en barcos   en pieles

4. Los _____ perdieron la guerra contra los indios y los franceses.

   españoles   franceses   colonos

5. Algunos franceses querían que los indios fueran _____.

   católicos   granjeros   colonos

6. La Salle llamó _____ a la tierra alrededor del río Mississippi.

   España   Louisiana   Mississippi

7. Después de la guerra, New Orleans le pertenecía a _____.

   España   Italia   Francia

★ Razona y aplica

Causa y efecto ★ Lee los pares de oraciones. Escribe una **C** junto a la oración que indica una causa y una **E** junto a la que indica un efecto.

1. _____ El rey de Francia quería una nueva ruta para llegar a Asia.

   _____ El rey de Francia envió a Cartier a América.

2. _____ Cartier regresó a Francia.

   _____ Cartier no encontró un río que lo llevara a Asia.

3. _____ Los franceses no construyeron muchas granjas.

   _____ Los franceses vinieron a América a buscar pieles.

4. _____ Inglaterra y Francia empezaron a luchar.

   _____ Inglaterra no quería que Francia tuviera tierras en América.

5. _____ Francia perdió todas sus tierras en América.

   _____ Francia perdió la guerra contra los ingleses.

6. _____ Inglaterra ganó la guerra contra los indios y los franceses.

   _____ Inglaterra era dueña del Canadá y de las tierras al este del río Mississippi.

★ Desarrollo de destrezas

Usa las direcciones del mapa ★ En el capítulo 2 aprendiste que hay 4 puntos cardinales en un mapa: el norte, el sur, el este y el oeste. En una brújula también se pueden encontrar puntos intermedios que están entre estos: el **nordeste**, el **sudeste**, el **noroeste** y el **sudoeste**. El sudeste está entre el sur y el este, y el sudoeste, entre el sur y el oeste. A veces se abrevian estos puntos: **NE**, **SE**, **NO** y **SO**.

Escribe la versión abreviada en la brújula que sigue. Un punto intermedio ya está escrito.

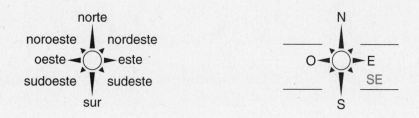

Observa el mapa de la página 31 y dibuja un círculo alrededor de la palabra que complete la oración.

1. El río St. Lawrence está en el _____.

   nordeste   noroeste   sudoeste

2. Las colonias inglesas estaban en el _____.

   noroeste   sudoeste   este

3. El río Mississippi estaba al _____ de las colonias inglesas.

   sur   oeste   este

4. La Florida está en el _____.

   sudeste   nordeste   noroeste

5. El Océano Atlántico estaba al _____ de las colonias inglesas.

   norte   sur   este

6. New Orleans está en el _____.

   este   norte   sur

CAPÍTULO 7
La lucha por la libertad

Palabras nuevas ☆ americanos ★ nación ★ gobernar ★ el rey George ★ impuesto ★ té ★ Boston ★ el Motín del Té de Boston ★ disgustar ★ enfurecer ★ la Guerra Revolucionaria

EL REY GEORGE III DE INGLATERRA

Muchos ingleses vinieron a vivir en las trece colonias de América. A estas personas se les llamaba colonos americanos. Estas personas vinieron a América porque no estaban de acuerdo con el rey de Inglaterra ni con las leyes inglesas. Vinieron a América para tener más libertad.

América no era una nación libre porque Inglaterra gobernaba las trece colonias. El rey de Inglaterra también era el rey de las trece colonias. George III fue el rey de Inglaterra desde 1760 hasta 1820.

Los colonos no estaban de acuerdo con muchas leyes inglesas.

En 1765 Inglaterra pasó una nueva ley. La ley mandó que cada colono enviara parte de su dinero a Inglaterra. A este dinero se le llamaba impuestos.

Los colonos pensaban que la nueva ley de impuestos no era justa. No querían que Inglaterra pasara leyes de impuestos en las colonias. Los colonos querían pasar sus propias leyes, y muchos decidieron no pagar los impuestos.

Inglaterra pasó muchas leyes de impuestos para las colonias que les disgustaron a los colonos. En Inglaterra, los ingleses pasaban sus propias leyes. Los colonos querían hacer lo mismo, pero Inglaterra no se lo permitía.

En 1773 Inglaterra pasó una ley que decía que los colonos tenían que pagar un nuevo impuesto sobre el té. ¿Habían ayudado los colonos a redactar esta ley? No, y por eso se enfurecieron.

En el Motín del Té de Boston, los colonos se disfrazaron de indios y echaron el té inglés al océano.

Los colonos decidieron luchar contra Inglaterra para convertirse en una nación libre. A esta guerra se le llamó la Guerra Revolucionaria.

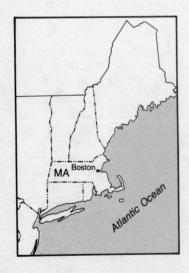

MASSACHUSETTS

Boston era una ciudad grande en Massachusetts, cerca del Océano Atlántico. Los barcos con cargamentos de té llegaban a Boston. Los colonos no querían pagar el impuesto sobre el té ni querían el té tampoco. Lo que querían era enviar los barcos de vuelta a Inglaterra. Los ingleses dijeron que los colonos tenían que pagar por el té.

Algunos colonos americanos decidieron echar el té al océano. Una noche en 1773 se disfrazaron de indios y subieron a los barcos de té que estaban en Boston. Luego, echaron todo el té al Océano Atlántico. Se le conoce este hecho como el Motín del Té de Boston. El rey George se enfureció y envió a muchos soldados ingleses a Massachusetts.

Inglaterra pasó otra ley que les disgustó a los colonos. Esta ley decía que los soldados ingleses tenían el derecho de comer y dormir en las casas de los colonos. Aunque los soldados pagaban por comer y dormir en sus casas, a los colonos les disgustaban los soldados ingleses. No los querían en sus casas.

Enfurecidos, los colonos organizaron un ejército, y en 1775 empezaron a luchar contra Inglaterra. Los colonos querían tener la misma libertad que tenían los ingleses en su país. Querían redactar sus propias leyes. La guerra entre las colonias de América e Inglaterra empezó en 1775. Se le llamó la Guerra Revolucionaria.

USA LO QUE HAS APRENDIDO

★ Lee y recuerda

Escribe la respuesta ★ Escribe una oración que conteste la pregunta.

1. ¿Quién fue el rey de Inglaterra desde 1760 hasta 1820?

_____

_____

2. ¿Qué nueva ley pasó Inglaterra en 1765 que les disgustó a los

colonos?_____

_____

3. ¿Qué hicieron los colonos en el Motín del Té de Boston?

_____

_____

4. ¿Adónde envió el rey George a los soldados después del Motín del Té de Boston? _____

5. ¿Por qué empezaron los soldados coloniales a luchar contra Inglaterra? _____

_____

6. ¿Cuándo empezó la guerra entre Inglaterra y las colonias?

_____

7. ¿Cómo se llama la guerra entre Inglaterra y las colonias americanas? _____

_____

★ Razona y aplica

Busca la relación ★ Lee las oraciones que siguen. Busca en el cuadrado un hecho relacionado a cada oración. Escribe la letra del hecho junto a la oración.

_____ 1. Los colonos no querían pagar el impuesto sobre el té.

_____ 2. Los colonos querían más libertad.

_____ 3. El rey George se enfureció después del Motín del Té de Boston.

_____ 4. Los colonos querían redactar sus propias leyes.

_____ 5. Inglaterra ganó la guerra contra los indios y los franceses.

a. Francia perdió todas sus tierras en América en 1763.
b. Los colonos no querían que Inglaterra pasara leyes de impuestos en las colonias.
c. Los colonos echaron el té al océano.
d. El rey George envió a muchos soldados ingleses a Massachusetts.
e. Los colonos empezaron a luchar contra Inglaterra.

★ Desarrollo de destrezas

Lee una línea cronológica ★ Una línea cronológica es un dibujo que muestra los años en una línea. Lee la línea cronológica de izquierda a derecha.

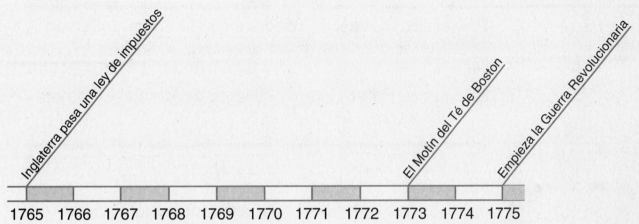

El año 1765 viene antes del 1766, y el 1767 viene después del 1766.

1. ¿Qué año viene después de 1774? _____

2. ¿Qué año viene antes de 1775? _____

A veces se escriben **hechos** en las líneas cronológicas. Lee los hechos en la línea cronológica y contesta las preguntas.

3. ¿Cuándo pasó Inglaterra una nueva ley de impuestos? _____

4. ¿Cuándo fue el Motín del Té de Boston? _____

5. ¿Cuándo empezó la Guerra Revolucionaria? _____

★ Composición

¿Qué harías si fueras un colono americano de las trece colonias en 1775? ¿Ayudarías a los colonos o al rey George? Escribe tres o cuatro oraciones sobre lo que harías y por qué.

_____

_____

_____

_____

CAPÍTULO 8 Nace una nueva nación

Palabras nuevas ☆ obedecer ★ Thomas Jefferson ★ la Declaración de la Independencia ★ líderes ★ Philadelphia ★ firmar ★ independiente ★ general ★ batallas ★ Peter Salem ★ Haym Salomon ★ patriota ★ Molly Pitcher ★ continuar

THOMAS JEFFERSON

La Guerra Revolucionaria empezó en 1775. Al principio los colonos luchaban contra Inglaterra porque querían más libertad. Querían redactar sus propias leyes. En 1776 muchos colonos americanos decidieron que querían que América fuera una nación libre. Estas personas dijeron: —Inglaterra no nos debe gobernar. No queremos obedecer al rey de Inglaterra.

Los colonos decidieron anunciar al mundo que América ya no le pertenecía a Inglaterra. En 1776

Varios hombres le ayudaron a Thomas Jefferson (a la izquierda) a redactar la Declaración de la Independencia.

Thomas Jefferson y otros líderes americanos redactaron la Declaración de la Independencia. Este documento decía que América ya no le pertenecía a Inglaterra y, por lo tanto, que no tenía que obedecer al rey George III.

Los líderes de las trece colonias fueron a Philadelphia, una ciudad grande que estaba en la colonia de Pennsylvania. Busca la colonia de Pennsylvania en el mapa de la página 29. El 4 de julio de 1776, los líderes firmaron la Declaración de la Independencia en Philadelphia.

Inglaterra no quería que América fuera un país independiente, o sea, "libre". Los soldados ingleses continuaron luchando contra los colonos.

George Washington era el líder del ejército colonial. El general Washington era un buen líder que trataba de ser justo con los soldados. También era un gran líder militar. Los colonos perdieron muchas batallas, pero Washington no se dio por vencido. Pues, él y sus soldados continuaron la lucha por la independencia.

GEORGE WASHINGTON

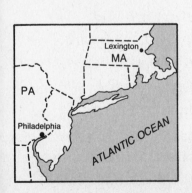

LAS COLONIAS DEL ESTE

La primera batalla de la Guerra Revolucionaria fue en Lexington en Massachusetts. Allí empezó la lucha entre los colonos y los soldados ingleses.

Molly Pitcher ayudaba a los soldados americanos.

PETER SALEM

HAYM SALOMON

Muchos trataron de ayudar a los colonos a ganar la revolución. Francia les envió soldados franceses que los ayudaron a luchar. Además, había muchos negros en las trece colonias, y unos cinco mil lucharon contra el ejército inglés. Peter Salem era un valiente soldado negro que luchó contra los ingleses en Massachusetts.

Haym Salomon era un judío americano que ayudó a su país. El ejército colonial tenía muy poco dinero, y los soldados no tenían alimentos, ropa ni armas suficientes. Algunos no tenían ni zapatos. El ejército necesitaba dinero, y Haym Salomon le dio mucho dinero. Él era un hombre enfermo que no podía luchar, pero sí era muy rico. Con el dinero de este patriota, los soldados compraron ropa, zapatos, alimentos y armas. Salomon estaba feliz de que su dinero los hubiera ayudado a ganar.

Las mujeres, como Molly Pitcher, también ayudaron a los soldados coloniales. Molly les llevaba agua durante las batallas. Un día, su marido John fue herido en una batalla y no podía luchar más. Molly tomó el mosquete de John y ella misma luchó contra los soldados ingleses.

Por ocho años, los colonos lucharon. En 1783 la Guerra Revolucionaria terminó, y América la había ganado.

Inglaterra perdió esta guerra. Cuando terminó, el rey de Inglaterra ya no era el rey de América. Las trece colonias eran una nación libre. Ahora se llamaban los trece estados. Los colonos llamaron a su nación libre los Estados Unidos de América.

USA LO QUE HAS APRENDIDO

★ Lee y recuerda

Completa la oración ★ Dibuja un círculo alrededor de la palabra o frase que complete cada oración.

1. En _____ los colonos anunciaron al mundo que América era una nación libre.

   1765   1976   1776

2. _____ redactó la Declaración de la Independencia.

   George Washington   Thomas Jefferson   Peter Salem

3. Los líderes firmaron la Declaración de la Independencia en _____.

   Boston   Philadelphia   Jamestown

4. _____ era el líder del ejército de las colonias.

   George Washington   Haym Salomon   Thomas Jefferson

5. Los soldados _____ ayudaron a los colonos en la lucha.

   indios   franceses   españoles

6. Unos _____ negros lucharon contra Inglaterra.

   5,000   200   50,000

7. _____ era un valiente soldado negro.

   Haym Salomon   Peter Salem   Thomas Jefferson

8. _____ dio mucho dinero al ejército de las colonias.

   George Washington   Haym Salomon   Molly Pitcher

9. _____ luchó en el lugar de su marido.

   Peter Salem   Molly Pitcher   Haym Salomon

10. La Guerra Revolucionaria terminó en _____.

    1765   1776   1783

★ Razona y aplica

Saca conclusiones ★ Lee cada oración y busca pistas que te ayuden a decidir quién la podría haber dicho. Dibuja una línea que conecte la oración con la persona indicada.

1. —Sólo puedo ayudarlos con dinero.   Thomas Jefferson

2. —Lo que redacté anunciará al
   mundo que queremos la independencia.   George Washington

3. —Lucharé contra los ingleses en
   Massachusetts.   Peter Salem

4. —Voy a dirigir al ejército colonial hasta
   que ganemos la guerra.   Haym Salomon

5. —John no puede luchar, pero yo sí puedo.   Molly Pitcher

Busca la relación ★ Lee los hechos que siguen. Busca en el cuadrado el evento relacionado a cada hecho. Escribe la letra del evento junto a la oración.

_____ 1. Thomas Jefferson quería anunciar al mundo que las trece colonias eran una nación libre.

_____ 2. El ejército de las colonias necesitaba un buen líder.

_____ 3. Los colonos americanos no querían que Inglaterra los gobernara.

_____ 4. Inglaterra no quería que América fuera una nación libre.

_____ 5. Los colonos ganaron la revolución y formaron una nación libre.

---

a. Los colonos querían tener una nación libre.

b. Thomas Jefferson redactó la Declaración de la Independencia.

c. George Washington dirigió al ejército colonial.

d. Los ingleses lucharon contra los colonos americanos.

e. Inglaterra no gobernó a los colonos americanos después de la Guerra Revolucionaria.

★ Composición

Vuelve a leer acerca de George Washington, Peter Salem, Haym Salomon y Molly Pitcher. Escribe cuatro o cinco oraciones en las que digas a cuál de ellos te gustaría conocer y por qué.

_____

_____

_____

_____

_____

_____

_____

_____

_____

CAPÍTULO 9 La Constitución

LA CONSTITUCIÓN

Los Estados Unidos ganó la Guerra Revolucionaria en 1783 y se convirtió en un país independiente con trece estados. Este nuevo país necesitaba leyes nuevas. Una constitución es un grupo de leyes. Los líderes estadounidenses decidieron redactar leyes, es decir, una constitución, para su país. En 1787 en Philadelphia, se reunieron líderes de doce de los estados. Ellos redactaron la Constitución de los Estados Unidos.

Los líderes estadounidenses hablaron por muchos días sobre cómo se debía redactar la Constitución.

48

Antes de la Guerra Revolucionaria, Inglaterra redactaba leyes para las colonias. Los americanos siempre querían redactar sus propias leyes. La Constitución de los Estados Unidos dice que los estadounidenses pueden ayudar a redactar sus propias leyes. ¿Cómo lo hacen?

La Constitución dice que los estadounidenses deben votar por las personas que los gobiernen. Además, deben elegir a un presidente cada cuatro años. El presidente es el líder del gobierno de los Estados Unidos y ayuda a redactar las leyes. Las leyes se redactan en el Capitolio, donde se reúnen el Senado y la Cámara de Representantes.

Los hombres y las mujeres que redactan las leyes se llaman senadores o senadoras y representantes. Cada estado envía a dos senadores a trabajar en el Senado. Los estados que tienen muchos habitantes envían a muchos representantes a la Cámara de Representantes, y los que tienen pocos envían a menos. La Constitución dice que los ciudadanos estadounidenses deben votar por sus representantes,

El Senado y la Cámara de Representantes se reúnen en el Capitolio.

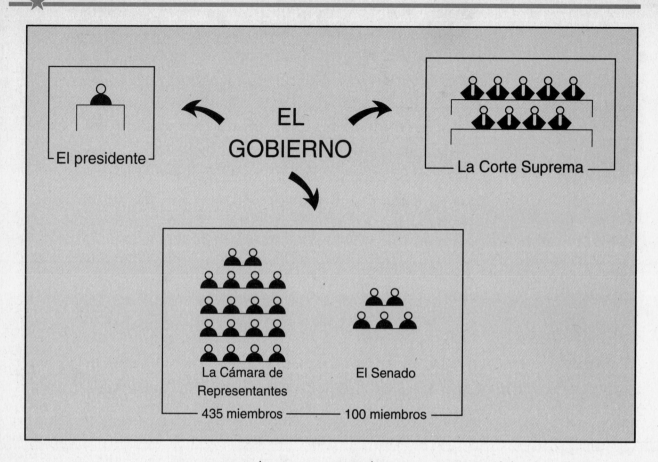

EL GOBIERNO

El presidente

La Corte Suprema

La Cámara de Representantes

El Senado

435 miembros — 100 miembros

LA CORTE SUPREMA

sus senadoras o senadores y su presidente. Así pueden ayudar a redactar las leyes.

En la Constitución se estipula que los Estados Unidos debe tener una Corte Suprema. Los jueces trabajan en esta corte y deciden si las nuevas leyes son correctas o no. Si no lo son, los senadores y los representantes deben cambiar las leyes.

La Constitución fue redactada en 1787. Desde entonces, se le han añadido 26 enmiendas. Una enmienda es una nueva ley en la Constitución. Podemos continuar añadiendo enmiendas, o leyes nuevas, a la Constitución.

Algunos líderes no estaban satisfechos con la Constitución de 1787. Ésta no estipulaba que los ciudadanos tuvieran libertad de religión y libertad de prensa. La "libertad de prensa" quiere decir que el gobierno no puede decirles a sus ciudadanos lo que deben escribir en los periódicos o en los libros. En otro caso, los ciudadanos querían que hubiera una ley para que los soldados no se quedaran jamás en sus casas.

En 1791 nuestros líderes añadieron diez enmiendas a la Constitución que se llaman la Carta de Derechos. Hoy en día, la Carta de Derechos es parte de la Constitución. ¿Cuáles son algunos de estos derechos? Todos los estadounidenses tienen la libertad de religión y la libertad de prensa. No tienen que dejar que los soldados duerman en sus casas. La Carta de Derechos nos da muchas libertades.

En la actualidad, la Constitución tiene más de 200 años. Los líderes de 1787 nos dejaron buenas leyes que ayudaron a que los Estados Unidos se convirtiera en una gran nación.

USA LO QUE HAS APRENDIDO

★ Lee y recuerda

Completa ★ Escoge la palabra o frase en negrita que complete cada oración. Escribe la palabra o frase en el espacio en blanco.

votar   **muchos**   **la libertad de prensa**   **dos**

1. Cada estado envía a _____ senadores al Senado.

2. Algunos estados envían a _____ representantes a la Cámara de Representantes.

3. Los estadounidenses deben _____ por sus senadores, sus representantes y su presidente.

4. _____ significa que el gobierno no puede decir qué se debe escribir en los periódicos o en los libros.

Escribe la respuesta ★ Escribe una oración para contestar cada pregunta.

1. ¿Dónde redactaron la Constitución los líderes de los estados?

_____

2. ¿Qué hacen los jueces de la Corte Suprema? _____

_____

3. ¿Por qué redactaron los líderes la Carta de Derechos? _____

_____

4. ¿Cuáles son algunos de los derechos que la Carta de Derechos

añade a la Constitución? _____

_____

★ Razona y aplica

Busca la idea principal ★ Lee los grupos de oraciones que siguen. Una de ellas es la idea principal, y las otras apoyan esta idea. Escribe una **P** junto a la idea principal de cada grupo.

1. _____ Los colonos no querían obedecer a Inglaterra.

   _____ Los colonos redactaron una constitución que decía que podían redactar sus propias leyes.

   _____ Los colonos querían redactar sus propias leyes.

2. _____ La Constitución dice que los ciudadanos pueden elegir a sus gobernantes.

   _____ Los ciudadanos votan por sus senadores y sus representantes.

   _____ Los ciudadanos votan por el presidente cada cuatro años.

3. _____ La Constitución no estipuló que los estadounidenses tuvieran la libertad de expresión.

   _____ En 1791 los líderes estadounidenses añadieron diez enmiendas a la Constitución.

   _____ La Constitución no estipuló que los estadounidenses tuvieran la libertad de religión.

4. _____ El presidente y la Corte Suprema son dos partes del gobierno.

   _____ El Senado y la Cámara de Representantes forman una parte del gobierno.

   _____ El gobierno de los Estados Unidos tiene tres partes.

★ Razona y aplica

Hecho u opinión ★ Un **hecho** es algo que es cierto. Una **opinión** es lo que una persona piensa de algo.

> HECHO = El presidente es elegido.
> OPINIÓN = Nuestro presidente es un líder excelente.

Escribe una **H** junto a cada hecho y una **O** junto a cada opinión. Hay tres opiniones.

_____ 1. Se redactó la Constitución en 1787.

_____ 2. Desde 1787 se le han añadido 26 enmiendas a la Constitución.

_____ 3. Nuestra nación necesita una constitución que sea mejor.

_____ 4. Los hombres y las mujeres que redactan las leyes se llaman senadores, senadoras y representantes.

_____ 5. Los senadores trabajan más que el presidente.

_____ 6. La Carta de Derechos tiene diez enmiendas.

_____ 7. La Carta de Derechos le da a cada estadounidense la libertad de religión y la libertad de prensa.

_____ 8. Es fácil ser un juez de la Corte Suprema.

★ Desarrollo de destrezas

Lee un diagrama ★ Un **diagrama** es un dibujo que te ayuda a entender algo. Observa cómo el diagrama de la página 50 te ayuda a entender nuestro gobierno. Completa las siguientes oraciones con las palabras en negrita.

presidente   representantes   nueve   tres

1. El gobierno de los Estados Unidos tiene _____ partes.

2. El gobierno tiene un _____.

3. El gobierno tiene _____ jueces de la Corte Suprema.

4. Hay más _____ que senadores.

10 Ben Franklin

Palabras nuevas ☆ Ben Franklin ★ eléctrico ★ velas ★ imprenta ★ impresor ★ publicar ★ llevarse bien ★ hospital ★ departamento de bomberos ★ biblioteca pública ★ electricidad ★ rayo ★ chispas eléctricas ★ famoso

BEN FRANKLIN

Ben Franklin nació en Boston, Massachusetts, en 1706. Él tenía 16 hermanos y hermanas, y su familia era muy pobre. En esos días no había luz eléctrica, y la gente usaba velas para iluminar sus casas. El padre de Ben fabricaba jabones y velas para ganarse la vida.

Ben era muy listo y le gustaba mucho leer. Asistió a la escuela hasta que tenía 10 años. Después, ayudó

Cuando Ben era joven, trabajaba en la imprenta de su hermano.

a su padre a fabricar jabones y velas porque su familia necesitaba el dinero. Pero Ben nunca dejó de leer y estudiar.

Cuando Ben tenía 12 años, empezó a trabajar con James, su hermano mayor. James tenía una imprenta, y Ben se hizo impresor. Los dos publicaron un periódico. Aunque a Ben le gustaba el trabajo, no le gustaba trabajar con James. Pues, no se llevaban bien. Por eso, Ben decidió irse de Boston.

Ben se fue a Philadelphia, donde trabajó en una imprenta. Cuando tenía 24 años, publicó su propio periódico. El periódico se distribuía en las trece colonias y muchas personas lo leían.

Ben quería que Philadelphia fuera una ciudad mejor. Fundó el primer hospital de esta ciudad, un departamento de bomberos y una escuela. A Ben le encantaban los libros. Sabía que a otros les gustaba leer también. Por eso Ben fundó la primera biblioteca pública de Philadelphia.

Ben mostró que en el rayo hay electricidad.

Benjamin Franklin ayudó a redactar la Declaración de la Independencia. Aquí se ve cuando se firma esta declaración.

Ben quería saber más acerca de la electricidad. Una noche en que llovía y caían rayos, Ben ató una llave al final de la cuerda de una cometa (papalote). Se elevó la cometa al cielo. Un rayo cayó sobre la cometa, y de la llave saltaron chispas eléctricas. Así se enteró de que el rayo era electricidad. Las personas en todos los Estados Unidos y Europa leyeron del trabajo de Ben acerca de la electricidad. Ben se hizo famoso.

Ben quería que las trece colonias fueran un país independiente, y él ayudó a Thomas Jefferson a redactar la Declaración de la Independencia en 1776. Ben fue uno de los que firmaron esta declaración. Él quería ayudar a su país a ganar la Guerra Revolucionaria, pero tenía 70 años y era muy viejo para ser soldado. Fue a Francia y les pidió a los franceses que ayudaran a los colonos a luchar. Ben les caía bien a los franceses. Francia decidió enviar barcos y soldados a las colonias americanas. Francia ayudó a los colonos a ganar la guerra.

En 1787 Ben tenía 81 años. Tenía otro trabajo que hacer: ayudó a redactar nuevas leyes para los Estados Unidos. Es decir, Ben ayudó a redactar la

Constitución. Ben y los otros líderes pasaron cuatro meses redactando la Constitución en Philadelphia.

Ben murió en Philadelphia cuando tenía 84 años. Era un estadounidense muy famoso. Ayudó a Philadelphia a convertirse en una gran ciudad y a los Estados Unidos a ser una gran nación libre.

USA LO QUE HAS APRENDIDO

★ Lee y recuerda

Parea ★ Completa las oraciones del grupo A con palabras del grupo B. Escribe la letra de la respuesta correcta en el espacio en blanco. El primero está hecho.

GRUPO A

1. Ben Franklin se enteró de que el rayo es __e__.

2. Ben ayudó a Thomas Jefferson a redactar la _____.

3. Ben le pidió a _____ que ayudara a los colonos a luchar.

4. Ben publicó su propio _____.

5. En 1787 Ben ayudó a redactar la _____.

6. Ben fue a Francia cuando tenía _____.

GRUPO B

a. Constitución

b. 70 años

c. periódico

d. Declaración de la Independencia

e. electricidad

f. Francia

★ Razona y aplica

Causa y efecto ★ Lee cada par de oraciones. Escribe una **C** junto a la oración que indica una causa y una **E** junto a la que indica un efecto.

1. _____ James y Ben no se llevaban bien.
   _____ Ben se fue a Philadelphia.

2. _____ En Boston, Ben se hizo impresor.
   _____ En Philadelphia, Ben encontró trabajo en una imprenta.

3. ____ Ben fundó una biblioteca pública.

   ____ Ben sabía que a las personas les gustaba leer libros.

4. ____ El rayo cayó sobre la cometa de Ben, y de la llave saltaron chispas.

   ____ Ben se enteró de que el rayo era una forma de electricidad.

5. ____ Ben le pidió ayuda a Francia.

   ____ Ben quería ayudar a los colonos a ganar la revolución.

★ Desarrollo de destrezas

Lee una línea cronológica ★ Esta línea cronológica muestra eventos importantes en la vida de Ben Franklin. Lee los eventos en la línea y contesta las preguntas. Escribe **antes** o **después** en el espacio en blanco. El primero está hecho.

1. Ben Franklin se hizo impresor _____antes_____ de irse de Philadelphia.

2. Ben se fue a Philadelphia _____ de descubrir la electricidad.

3. Ben ayudó a redactar la Constitución _____ de descubrir la electricidad.

4. Ben fue a Francia _____ de ayudar a redactar la Constitución.

5. Ben fue a Francia _____ de hacerse impresor.

★ Crucigrama

En cada una de las oraciones que siguen, falta una palabra. Escoge la palabra en negrita que completa cada oración. Escribe la palabra en el lugar correspondiente en el crucigrama.

HORIZONTALES

**biblioteca   cometa
velas   Philadelphia**

1. Ben se fue de Boston a _____.

2. Ben ayudó a su padre a fabricar jabones y _____.

3. Se pueden leer libros en una _____ pública.

4. Ben usó una _____ durante una tormenta eléctrica.

VERTICALES

**James   publicó
Boston   hospital**

5. _____ era el hermano mayor de Ben.

6. Ben fundó un _____ para los enfermos.

7. Ben y James eran impresores en _____.

8. Ben _____ su propio periódico en Philadelphia.

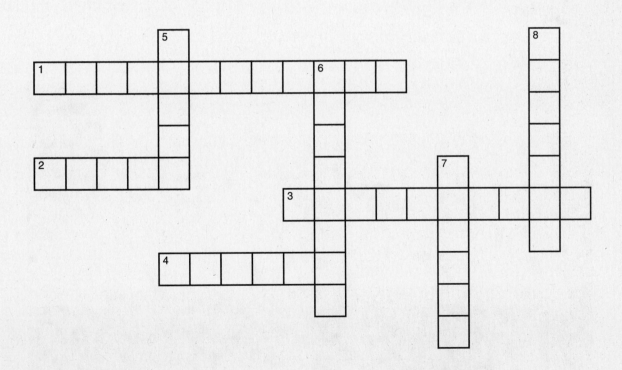

CAPÍTULO 11 George Washington

Palabras nuevas ☆ padres ★ administrar ★ rico ★ Martha ★ Mt. Vernon ★ comandante en jefe ★ Trenton ★ rendirse ★ Yorktown ★ capital ★ Pierre L'Enfant ★ planificar ★ Benjamin Banneker

GEORGE WASHINGTON

George Washington nació en la colonia de Virginia el 22 de febrero de 1732. Sus padres tenían una casa grande situada en una granja con mucho terreno. A George le encantaba montar a caballo. Cuando George tenía 11 años, su padre murió. George le ayudó a su madre a administrar la granja de la familia y aprendió a ser un buen granjero.

George fue soldado en Virginia. Para 1754 Inglaterra y Francia luchaban por territorios en América en la guerra contra los indios y los franceses. Cuando tenía 22 años, George fue

George y Martha vivieron en su casa de Virginia por muchos años. La llamaron Mt. Vernon.

nombrado líder del ejército de Virginia. George y los colonos ayudaron a los ingleses a ganar la guerra.

En 1759 George se casó con una joven rica que se llamaba Martha. George y Martha Washington vivían en una casa grande y muy bonita en Virginia. La llamaron Mt. Vernon.

George quería que las colonias americanas fueran una nación libre. Se hizo comandante en jefe del ejército colonial, es decir, era el líder de todos los soldados coloniales. George trabajó mucho durante la Guerra Revolucionaria, pero no quería que le pagaran por su trabajo. No recibió ni un centavo por ser comandante en jefe.

George perdió una batalla en la ciudad de New York, pero no se dio por vencido. Llevó al ejército al sur de Pennsylvania. Después, durante la Navidad de 1776, lo llevó a Trenton, New Jersey. Busca New Jersey en el mapa de la página 29.

George era muy astuto. Sabía que el ejército inglés no estaría listo para luchar en esos días.

MARTHA WASHINGTON

George Washington era líder del ejército colonial. Aquí lo vemos con sus soldados en el frío invierno.

Washington ayudó a planificar la nueva capital. Más tarde, le pusieron su nombre a esta ciudad.

BATALLAS IMPORTANTES DE LA GUERRA REVOLUCIONARIA

Tenía razón. Mientras el ejército inglés celebraba la fiesta de Navidad, George y sus soldados lo sorprendieron. El ejército inglés se rindió. El general Washington ganó la Batalla de Trenton, pero la guerra todavía no se había terminado.

Los ingleses y los colonos continuaron la lucha. El ejército colonial no tenía alimentos, ropa ni armas suficientes. Los soldados se enfermaron durante los fríos inviernos. A pesar de las condiciones, muchos soldados continuaron a seguir a George Washington en la lucha por la libertad.

En 1781, los colonos ganaron una importante batalla en Yorktown, Virginia. Muchos soldados ingleses se rindieron a George Washington. La revolución terminó en 1783, y George regresó a su casa en Mt. Vernon.

George Washington no se quedó en Mt. Vernon porque la gente quería que él ayudara a redactar la Constitución. George ayudó a redactarla en Philadelphia en 1787. Después, quería regresar a Mt. Vernon, pero el país necesitaba un presidente.

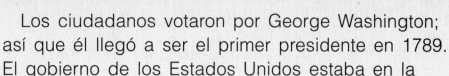

Los ciudadanos votaron por George Washington; así que él llegó a ser el primer presidente en 1789. El gobierno de los Estados Unidos estaba en la ciudad de New York, y allí trabajaba el presidente.

George quería que los Estados Unidos tuviera una capital. También quería que el Senado, la Cámara de Representantes, la Corte Suprema y la casa del presidente estuvieran allí.

BENJAMIN BANNEKER

George encontró un hermoso lugar entre Maryland y Virginia para la capital. Esta capital se llama Washington, D.C. George le pidió a Pierre L'Enfant, un francés, que hiciera un plano de la nueva ciudad. Benjamin Banneker, un áfricoamericano, le ayudó a L'Enfant a planificarla. En 1800 el gobierno se trasladó a Washington, D.C.

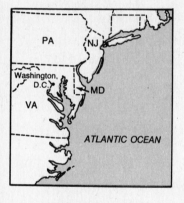

WASHINGTON, D.C.

George Washington fue presidente por ocho años. En 1793 Inglaterra y Francia lucharon de nuevo. Francia quería que los soldados de los Estados Unidos lucharan contra Inglaterra. El presidente Washington sabía que su ejército no era fuerte y que no podía luchar. No permitió que los soldados fueran a Francia. Primero, George tenía que fortalecer a su nación. En 1797 regresó a Mt. Vernon y murió en 1799. George Washington fue uno de los grandes líderes de los Estados Unidos.

USA LO QUE HAS APRENDIDO

★ Lee y recuerda

Completa la oración ★ Dibuja un círculo alrededor de la palabra o frase que complete cada oración.

1. Cuando murió su padre, George Washington le ayudó a su madre a _____ la granja de la familia.

   vender   administrar   comprar

2. George fue líder del ejército de Virginia en la Guerra _____.

   Revolucionaria   Civil   contra los indios y los franceses

3. George era el ____ del ejército colonial.

   presidente   comandante en jefe   capitán

4. George perdió una batalla en la ciudad de ____.

   Boston   Philadelphia   New York

5. Durante la Navidad, George ganó una batalla en ____.

   New York   Yorktown   Trenton

6. En 1787 George ayudó a redactar la ____.

   Constitución   Carta de Derechos

          Declaración de la Independencia

7. George quería que el Senado, la Cámara de Representantes, la Corte Suprema y la casa del presidente estuvieran en ____.

   New York   Philadelphia   Washington, D.C.

8. Pierre L'Enfant y ____ planificaron la ciudad de Washington, D.C.

   Ben Franklin   Peter Salem   Benjamin Banneker

9. En 1793 ____ quería que los estadounidenses le ayudaran a luchar contra Inglaterra.

   Francia   Holanda   España

★ Razona y aplica

Ordena los hechos ★ Escribe los números **1, 2, 3, 4** y **5** junto a las oraciones para indicar el orden correcto.

____ George Washington llegó a ser el primer presidente de los Estados Unidos.

____ George fue líder del ejército de Virginia durante la guerra contra los indios y los franceses.

____ George ganó la Batalla de Trenton en la Navidad de 1776.

____ El presidente Washington no dejó que el ejército estadounidense fuera a Francia.

____ George fue el comandante en jefe del ejército colonial.

★ Desarrollo de destrezas

Lee la línea cronológica ★ A veces las líneas cronológicas muestran las décadas. Diez años hacen una **década**. Observa la línea cronológica.

| Los años treinta | Los años cuarenta | Los años cincuenta | Los años sesenta |

1730 1731 1732 1733 1734 1735 1736 1737 1738 1739 **1740** 1741 1742 1743 1744 1745 1746 1747 1748 1749 **1750** 1751 1752 1753 1754 1755 1756 1757 1758 1759 **1760** 1761 1762 1763 1764 1765 1766 1767 1768 1769 **1770**

Si algo ocurrió entre 1730 y 1740, se dice que ocurrió en los años treinta. Si ocurrió entre 1750 y 1760, se dice que ocurrió en

_____.

Escribe las décadas en las cajas de la línea cronológica. Una ya está escrita. Luego lee los eventos de la línea cronológica. Escribe la década correcta en el espacio en blanco junto a cada evento.

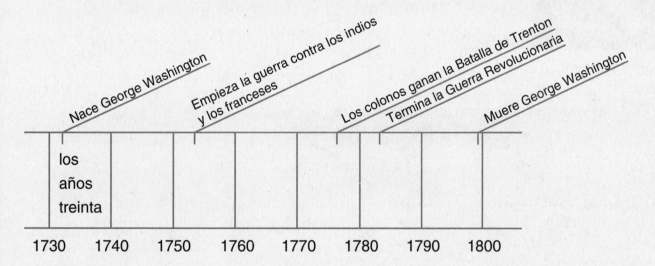

1. Nace George Washington. _____

2. Los colonos ganan la Batalla de Trenton. _____

3. Termina la Guerra Revolucionaria. _____

4. Muere George Washington. _____

65

CAPÍTULO 12

Crece la nación

Palabras nuevas ☆ puerto ★ cosechas ★ preocuparse ★ permitir ★ Napoleón ★ la Compra de Louisiana ★ duplicar ★ Océano Pacífico ★ Meriwether Lewis ★ William Clark ★ Sacajawea ★ Montañas Rocosas ★ Oregon

THOMAS JEFFERSON

En 1801 los estadounidenses eligieron un nuevo presidente. Así, Thomas Jefferson llegó a ser el tercer presidente de los Estados Unidos.

La Guerra Revolucionaria había terminado, y los Estados Unidos poseía las tierras al este del río Mississippi, con la excepción de la Florida. Al principio muchas personas vivían en los estados cerca del Océano Atlántico. Sin embargo, cada año muchos se mudaban a las tierras entre los estados y el río Mississippi. Ellos construían sus casas y

Así se veía New Orleans cuando Jefferson era presidente.

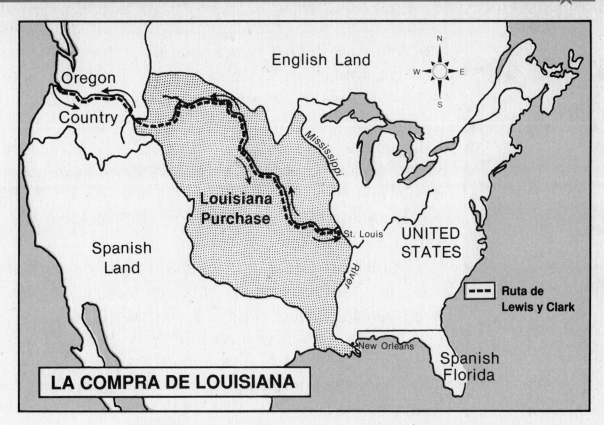

LA COMPRA DE LOUISIANA

granjas en esta tierra. De esta manera empezaron a
fundar los nuevos estados del país. Al principio de
1803 había 16 estados en los Estados Unidos.

New Orleans era una importante ciudad de puerto
cerca del Golfo de México y del río Mississippi. Los
granjeros estadounidenses vendían sus cosechas en
New Orleans. De allí los barcos llevaban estas
cosechas a los estados cerca del Océano Atlántico.
Otros barcos llevaban las cosechas a Europa.

España era dueña de Louisiana y de la ciudad de
New Orleans. Permitía que los barcos navegaran por
el puerto de New Orleans. En 1800 España le cedió
Louisiana a Francia, y New Orleans volvió a ser una
ciudad francesa. El presidente Jefferson estaba
preocupado porque quizá Francia no permitiría que
los estadounidenses usaran este puerto.

El presidente Jefferson sabía que los granjeros
necesitaban el puerto de New Orleans y no quería
que Francia gobernara a Louisiana. Quería que
Louisiana fuera parte de los Estados Unidos, pero no
quería empezar una guerra contra Francia. Así que
Jefferson decidió comprar la ciudad de New Orleans.

NAPOLEÓN DE FRANCIA

Napoleón gobernaba a Francia. En 1803 Jefferson le pidió a Napoleón que le vendiera New Orleans. Francia había estado en guerra en Europa durante años y Napoleón necesitaba dinero para estas guerras. Por eso decidió vender el territorio de Louisiana a los Estados Unidos por 15 millones de dólares. Este territorio se llamó la Compra de Louisiana. Busca la Compra de Louisiana en el mapa de la página 67. Con esta compra se duplicó el tamaño de los Estados Unidos.

El presidente Jefferson quería explorar el territorio de Louisiana y aprender sobre los indios, las plantas y los animales que vivían allí. También quería explorar las tierras cercanas al Océano Pacífico. Jefferson les pidió a Meriwether Lewis y a William Clark que exploraran Louisiana y las tierras cerca del Océano Pacífico.

En 1804 Lewis y Clark empezaron su viaje por el territorio de Louisiana. Conocieron a Sacajawea, una india que sabía cómo cruzar las altas Montañas

Sacajawea era una india que ayudó a Lewis y a Clark a cruzar las Montañas Rocosas.

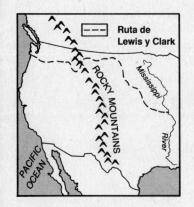

RUTA DE LEWIS Y CLARK

Rocosas al oeste. Lewis y Clark querían que Sacajawea los acompañara porque ella había hecho el viaje y conocía la ruta al Océano Pacífico.

Sacajawea tenía un bebé que llevaba a la espalda durante el largo viaje. Ella guió a Lewis y Clark por las Montañas Rocosas. También los ayudó a encontrar alimentos para comer. En las montañas, Lewis y Clark conocieron a la familia de Sacajawea. Su familia les dio caballos. Después de muchos meses Lewis, Clark y Sacajawea viajaron por Oregon hasta el Océano Pacífico. En el mapa de la izquierda, observa la ruta que seguían. En 1806 Lewis, Clark y Sacajawea regresaron a sus casas, después de haber explorado 8,000 millas de tierras en el oeste.

Al regresar, Lewis y Clark le contaron a Thomas Jefferson sobre las hermosas tierras e hicieron nuevos mapas de estas tierras al oeste. Thomas Jefferson ayudó a que los Estados Unidos aumentara su territorio. Sacajawea, Lewis y Clark ayudaron a que los estadounidenses conocieran mejor el nuevo territorio llamado Louisiana.

USA LO QUE HAS APRENDIDO

★ Lee y recuerda

Cierto o falso ★ Escribe una C junto a la oración si es cierta o una F si es falsa.

_____ 1. New Orleans siempre le pertenecía a Francia.

_____ 2. Napoleón no quería venderle Louisiana a los Estados Unidos.

_____ 3. Sacajawea, una india, guió a Lewis y Clark por las Montañas Rocosas.

_____ 4. Las Montañas Rocosas están en el oeste.

_____ 5. Lewis, Clark y Sacajawea fueron al Océano Pacífico.

_____ 6. New Orleans era un puerto importante para los granjeros estadounidenses.

_____ 7. Thomas Jefferson fue el segundo presidente de los Estados Unidos.

_____ 8. Jefferson pagó $15,000 por la Compra de Louisiana.

★ Razona y aplica

Causa y efecto ★ Completa cada oración del grupo A con una frase del grupo B. Escribe la letra correspondiente en el espacio en blanco. Cada oración tendrá una causa y un efecto.

GRUPO A	GRUPO B
1. Al principio de 1803 había 16 estados en los Estados Unidos _____.	a. porque necesitaba el dinero para sus guerras en Europa.
2. Los granjeros vendían sus cosechas en New Orleans _____.	b. porque no quería que Francia fuera dueña de New Orleans.
3. Thomas Jefferson compró Louisiana _____.	c. porque muchas personas se habían mudado al oeste de los primeros 13 estados.
4. Napoleón vendió Louisiana _____.	d. porque de allí los barcos podían llevar las cosechas a Europa.
5. Thomas Jefferson les pidió a Lewis y a Clark que exploraran las tierras cerca del Océano Pacífico _____.	e. porque quería saber más sobre las tierras y la gente del oeste.

Compara ★ Lee cada oración que sigue y decide si trata de Jefferson o de Napoleón. Escribe una **J** si trata de Jefferson y una **N** si trata de Napoleón.

_____ 1. Quería explorar las tierras cerca del Pacífico.

_____ 2. Necesitaba dinero para sus guerras.

_____ 3. Quería el puerto de New Orleans para los granjeros.

_____ 4. No quería que Francia fuera dueña de Louisiana.

_____ 5. Vendió Louisiana por 15 millones de dólares.

★ Composición

Observa la lista que sigue. Si hubieras ido con Lewis y Clark, ¿qué objetos habrías llevado? Escoge los cinco objetos que crees más importantes. Escribe una oración explicando por qué te habrías llevado cada objeto.

hacha	manta	fósforos
jabón	velas	diario
cuerda	cuchillo	trampa para animales

QUÉ LLEVO   POR QUÉ LO LLEVO

1. _____   _____

    _____

2. _____   _____

    _____

3. _____   _____

    _____

4. _____   _____

    _____

5. _____   _____

    _____

★ Crucigrama

En cada una de las oraciones que siguen, falta una palabra. Escoge la palabra en negrita que completa cada oración. Escribe la palabra en el lugar correspondiente en el crucigrama.

HORIZONTALES

Napoleón **Louisiana**
puerto   **Lewis**

1. _____ gobernaba a Francia.

2. _____ y Clark exploraron Louisiana.

3. New Orleans es un _____ en el Golfo de México.

4. El gobierno de los Estados Unidos pagó 15 millones de dólares por la Compra de _____.

VERTICALES

Jefferson **Oregon**
Francia   **Sacajawea**

5. _____ quería comprarle New Orleans a Francia.

6. _____ luchaba en muchas guerras en Europa.

7. _____ ayudó a Lewis y a Clark a cruzar las Montañas Rocosas.

8. Lewis y Clark viajaron por _____ hasta el Océano Pacífico.

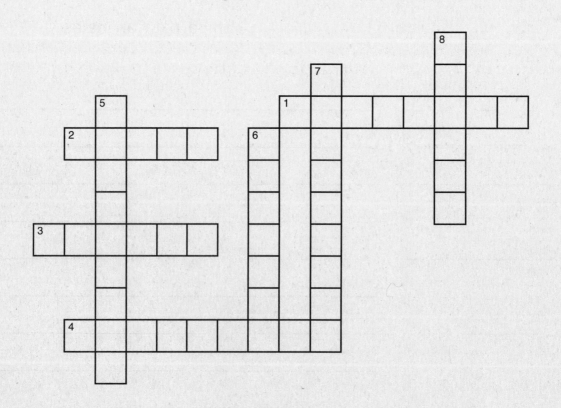

72

CAPÍTULO 13 La Guerra de 1812

Palabras nuevas ☆ capturar ★ libertad de navegar ★ disgustar ★ capitanes ★ forzar ★ James Madison ★ marina ★ Dolley Madison ★ la Casa Blanca ★ baúl ★ quemar ★ cuadro ★ Andrew Jackson

LINTERNA DE BARCO

Los Estados Unidos e Inglaterra lucharon otra vez en 1812. ¿Por qué lucharon de nuevo estos países?

Napoleón, que gobernaba a Francia, empezó una guerra contra Inglaterra en 1803. Los Estados Unidos quería comerciar con Francia y con Inglaterra. Los barcos ingleses capturaron muchos barcos americanos que iban a Francia, y esto les disgustó mucho a los estadounidenses. Ellos querían tener libertad de navegar, que quiere decir que los barcos puedan navegar adonde quieran.

Inglaterra le disgustó a los Estados Unidos de otra forma. Los barcos ingleses detuvieron a los barcos americanos en el océano, y los capitanes ingleses los abordaron.

Los capitanes ingleses forzaron a los marinos estadounidenses a navegar en los barcos ingleses y a trabajar para Inglaterra.

73

Estos capitanes dijeron que algunos de los marinos estadounidenses eran ingleses. Los forzaron a navegar y a trabajar en los barcos ingleses. Los estadounidenses querían comerciar con Francia, pero no querían perder sus barcos.

En 1812 los estadounidenses empezaron a luchar contra Inglaterra por la libertad de navegar. James Madison fue presidente durante la Guerra de 1812 y pensaba que los Estados Unidos podría ganarla rápidamente. Sin embargo, su ejército y su marina eran pequeños, y la guerra duró más de dos años.

Los estadounidenses querían que Canadá fuera parte de su país. Por eso, ellos capturaron algunos lagos cerca del Canadá. El ejército inglés en Canadá era fuerte y venció a los estadounidenses.

El ejército estadounidense había quemado unos edificios en Canadá. Por eso, Inglaterra decidió quemar la capital de los Estados Unidos. Nadie creía que Inglaterra pudiera atacar su capital.

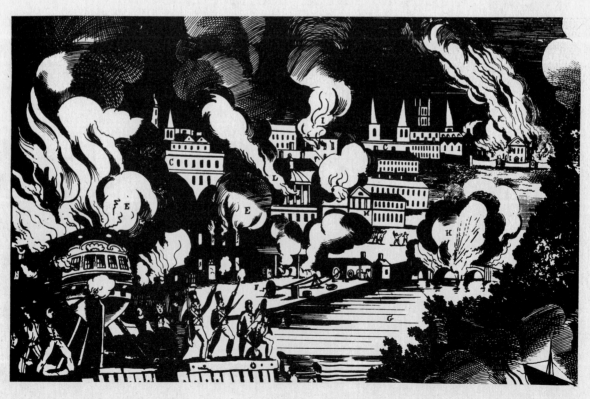

Los soldados ingleses marcharon hacia Washington y quemaron la Casa Blanca.

Dolley Madison le pidió a un sirviente que quitara el cuadro de George Washington de la pared. El cuadro fue envuelto en una cortina y sacado de la Casa Blanca.

DOLLEY MADISON

Había muy pocos soldados estadounidenses en la capital para defenderla. En 1814, un ejército de soldados ingleses fue a Washington y quemó el Capitolio, la Casa Blanca y otros edificios.

Dolley Madison era la esposa del presidente. Ella estaba en la Casa Blanca cuando Washington se quemaba. El presidente Madison estaba con el ejército, lejos de la ciudad y de su casa.

Dolley Madison era una mujer valiente. En vez de huir al quemarse la ciudad, Dolley se quedó en la Casa Blanca y metió en un baúl los documentos importantes del gobierno. Había un hermoso cuadro de George Washington en la Casa Blanca, y Dolley no quería que los ingleses lo quemaran. Le pidió a alguien que quitara el cuadro de la pared. Luego, ella salió de Washington con el baúl y el cuadro.

Poco después, los soldados ingleses llegaron a la Casa Blanca y quemaron todo lo que había adentro. Dolley Madison había salvado el cuadro de George Washington y los documentos importantes del gobierno de los Estados Unidos.

★

Inglaterra quería capturar la ciudad de New Orleans. Andrew Jackson era general del ejército estadounidense. Él llevó a 5,000 soldados a New Orleans en enero de 1815. Jackson no sabía que en diciembre de 1814 los Estados Unidos e Inglaterra habían decidido terminar la guerra. Aunque el ejército inglés en New Orleans era muy grande, Jackson y sus soldados ganaron la Batalla de New Orleans en enero de 1815.

Al final de la guerra en 1814, Inglaterra y los Estados Unidos habían ganado y perdido muchas batallas, y los dos querían la paz. Ninguno de los dos había conseguido nuevos territorios.

La guerra no causó grandes cambios, pero Inglaterra jamás volvió a luchar contra los Estados Unidos. Inglaterra y los otros países europeos se dieron cuenta de que los Estados Unidos era un país poderoso. Era lo suficientemente fuerte para luchar por lo que quisiera.

ANDREW JACKSON EN LA BATALLA DE NEW ORLEANS

USA LO QUE HAS APRENDIDO

★ **Lee y recuerda**

¿Quién lo hizo? ★ Contesta cada pregunta con el nombre de una persona y escribe una oración sobre esta persona.

1. ¿Quién fue presidente durante la Guerra de 1812? _____

_____

2. ¿Quién gobernaba a Francia durante la Guerra de 1812? _____

_____

3. ¿Quién salvó el cuadro de George Washington? _____

_____

4. ¿Quién ganó la Batalla de New Orleans? _____

_____

Encierra la respuesta ★ Dibuja un círculo alrededor de la respuesta correcta.

1. ¿Con qué país luchó Inglaterra en 1803?

   los Estados Unidos   Francia   España

2. ¿Qué ciudad quemaron los ingleses?

   Boston   New Orleans   Washington, D.C.

3. ¿Qué les hacía Inglaterra a los barcos americanos que iban a Francia?

   los capturaba   los quemaba   comerciaba con ellos

4. ¿Por qué lucharon los estadounidenses contra los ingleses en la Guerra de 1812?

   la libertad de navegar   la libertad de prensa

   la libertad de religión

★ Composición

El correo de los Estados Unidos a veces tardaba meses en ir de un lugar a otro. Como era muy lento, Andrew Jackson no sabía que la Guerra de 1812 había terminado. Sus soldados y él lucharon en la Batalla de New Orleans. Imagina cómo se sentiría Jackson al enterarse de que la guerra se había acabado hacía dos meses. Describe sus sentimientos en cuatro o cinco oraciones.

_____

_____

_____

_____

_____

_____

_____

★ Razona y aplica

Saca conclusiones ★ Lee cada par de oraciones. Escoge de la caja de abajo la conclusión correspondiente y escribe su letra en el espacio en blanco.

1. Los barcos ingleses capturaban los barcos estadounidenses.
   Los capitanes ingleses forzaban a los marinos estadounidenses a trabajar en los barcos ingleses.

   Conclusión _____

2. Los estadounidenses querían que Canadá fuera parte de los Estados Unidos.
   El ejército inglés en Canadá era muy fuerte.

   Conclusión _____

3. Los ingleses quemaban la ciudad de Washington, D.C.
   Dolley Madison salvó documentos importantes y un cuadro.

   Conclusión _____

4. Inglaterra y los Estados Unidos querían la paz.
   Ambos países habían ganado y perdido muchas batallas.

   Conclusión _____

5. En diciembre de 1814, Inglaterra y los Estados Unidos firmaron un tratado de paz.
   En enero de 1815, Jackson capturó New Orleans.

   Conclusión _____

---

a. Los Estados Unidos no pudo capturar al Canadá.
b. Inglaterra y los Estados Unidos firmaron un tratado de paz.
c. Los estadounidenses lucharon contra los ingleses por la libertad de navegar.
d. Andrew Jackson no sabía que había paz.
e. Dolley Madison era una mujer valiente.

14 Andrew Jackson y los indios

Palabras nuevas ☆ frontera ★ North Carolina ★ South Carolina ★ abogado ★ indios creek ★ indios cherokee ★ Alabama ★ héroe ★ Sequoya ★ Tennessee ★ abecedario ★ atacar ★ vencer ★ Oklahoma

ANDREW JACKSON

Andrew Jackson nació en 1767, cerca de la frontera entre North Carolina y South Carolina. El padre de Andrew murió antes de que Andrew naciera, y su familia tenía muy poco dinero. En 1780 Andrew luchó por los Estados Unidos durante la Guerra Revolucionaria. Sólo tenía 13 años.

Los dos hermanos de Andrew murieron durante esta guerra. Su madre también murió. Por eso, Andrew vivía solo desde la edad de 14. Después de la guerra, estudió leyes y se hizo abogado.

El líder de los indios creek se rindió al general Jackson.

79

GWY 𐓏 CHEROKEE PHŒNIX.

VOL. I.   NEW ECHOTA, WEDNESDAY JUNE 4, 1828.   **NO. 15.**

EDITED BY ELIAS BOUDINOTT
PRINTED WEEKLY BY
ISAAC H. HARRIS,
FOR THE CHEROKEE NATION.

(The remainder of the newspaper consists of densely printed columns in English and Cherokee reproducing a treaty between the Cherokees and Creeks, with articles and signatures including William Hambly, Big Warrior, Major Ridge, A. M'Coy, Jos. Vann, Charles R. Hicks, and Leonard Hicks.)

Este periódico cherokee fue escrito en dos lenguas: inglés y cherokee.

Andrew Jackson quería ayudar a su país durante la Guerra de 1812. En el sur vivía un grupo de indios llamados creek. Ellos ayudaron a los ingleses a luchar contra los estadounidenses. Andrew Jackson y sus soldados lucharon por muchos meses contra los indios creek.

Los indios cherokee ayudaron a los estadounidenses a luchar contra los creek. En marzo de 1814 los creek perdieron una batalla muy importante en Alabama. Se rindieron a Andrew Jackson y dejaron de luchar contra los estadounidenses. Los creek tuvieron que darles la mayor parte de sus tierras en Alabama y Georgia a los estadounidenses.

Andrew Jackson se convirtió en héroe. Era muy popular entre la gente porque había ganado la batalla contra los creek y la Batalla de New Orleans.

Sequoya era un indio cherokee de Tennessee. Ayudó a los Estados Unidos a luchar contra los indios creek. También ayudó a su gente. Los cherokee hablaban su propia lengua, pero no la

NIÑO INDIO CREEK

escribían porque no tenían un abecedario. Sequoya decidió ayudar a su gente a aprender a leer y escribir. Estudió los sonidos de la lengua cherokee, y en 1821 creó un abecedario. Este abecedario tenía 86 letras—una letra por cada sonido cherokee.

Sequoya enseñó a los cherokee a leer y escribir con el abecedario. Los cherokee fundaron el primer periódico indio en los Estados Unidos. Fundaron escuelas también, y pronto todos los cherokee sabían leer y escribir el abecedario de Sequoya.

En esos años, la Florida le pertenecía a España. Los indios de la Florida atacaban a las personas que vivían en Georgia y Alabama. Andrew Jackson y sus soldados fueron a la Florida donde vencieron a los indios seminole. Jackson capturó parte de la Florida. En 1819 España le cedió la Florida a los Estados Unidos.

En 1828 Andrew Jackson fue elegido presidente de los Estados Unidos. Algunos estados no querían

SEQUOYA Y SU ABECEDARIO

Miles de indios fueron forzados a viajar al oeste. Muchos murieron en el camino.

81

obedecer las leyes redactadas por los senadores y representantes en Washington. Sobre todo no les gustaban las leyes de impuestos. South Carolina no quería enviar dinero de impuestos al gobierno. Jackson proclamó que todos los estados tenían que obedecer las leyes y que él mandaría barcos de guerra a South Carolina. Desde luego, South Carolina obedeció las leyes y pagó los impuestos.

Andrew Jackson quería que los hombres blancos se adueñaran de las tierras de los indios. Por eso forzó a todos los indios del este a cruzar el río Mississippi hasta llegar a Oklahoma. Busca Oklahoma en el mapa de la página 122.

Miles de indios caminaron al oeste. Se murieron muchos durante el largo viaje. Sequoya y los cherokee también fueron forzados a caminar a Oklahoma. Los hombres blancos estaban contentos de tener más tierras. En cambio, los indios estaban desconsolados. No querían dejar sus hogares y sus pueblos en el este.

Andrew Jackson fue presidente por ocho años. Fue llamado el "presidente del pueblo". Creía que todos —ricos y pobres—debían trabajar por su país. Jackson murió en 1845.

ANDREW JACKSON COMO PRESIDENTE

USA LO QUE HAS APRENDIDO

★ **Lee y recuerda**

Completa la oración ★ Dibuja un círculo alrededor de la palabra o frase que complete cada oración.

1. Andrew Jackson luchó en la Guerra Revolucionaria cuando tenía _____ años.

    13   15   18

2. Andrew luchó contra los indios _____ durante la Guerra de 1812.

cherokee   creek   Florida

3. Los indios _____ ayudaron a luchar a Jackson.

cherokee   creek   Florida

4. Sequoya era un cherokee que enseñó a su gente a _____.

luchar   leer y escribir   cazar

5. _____ le cedió la Florida a los Estados Unidos en 1819.

Francia   Inglaterra   España

6. _____ era un estado que no quería obedecer la ley de impuestos de los Estados Unidos.

Georgia   South Carolina   Alabama

7. El presidente Jackson forzó a los indios a mudarse a _____.

la Florida   Louisiana   Oklahoma

★ Razona y aplica

Hecho u opinión ★ Escribe una **H** junto a cada hecho y una **O** junto a cada opinión. Hay tres opiniones.

_____ 1. Andrew Jackson era un hombre generoso.

_____ 2. Andrew Jackson luchó contra los indios creek.

_____ 3. Sequoya era un indio cherokee.

_____ 4. Sequoya pasó demasiado tiempo creando el abecedario.

_____ 5. Los cherokee publicaron el primer periódico indio en los Estados Unidos.

_____ 6. El periódico cherokee tenía muchas historias interesantes.

_____ 7. Jackson quería que los blancos se adueñaran de las tierras de los indios.

_____ 8. Los cherokee se mudaron a Oklahoma.

★ Desarrollo de destrezas

Interpreta una ilustración ★ Puedes aprender sobre la historia por medio de las ilustraciones, como la de la página 81. Ésta muestra a los indios mudándose hacia el oeste. Lee los pares de oraciones y dibuja un círculo alrededor de la oración que explique la ilustración de la página 81. El primero está hecho.

1. Los indios estaban felices de mudarse al oeste.

   Los indios no estaban felices de mudarse al oeste.

2. Unos pocos indios fueron forzados a mudarse al oeste.

   Muchos indios fueron forzados a mudarse al oeste.

3. Los indios llevaban animales y otros objetos.

   Los indios no llevaban nada.

4. El viaje fue fácil.

   El viaje fue muy duro.

5. Indios jóvenes e indios viejos se mudaron al oeste.

   Sólo los indios adultos se fueron al oeste.

★ Composición

Imagínate que tu familia y tú son indios y se ven forzados a mudarse al oeste. Piensa en cómo te sentirías. Describe tus sentimientos en cuatro o cinco oraciones. Asegúrate de indicar por qué te sientes de esta manera.

_____

_____

_____

_____

_____

_____

_____

15 Mary Lyon

Palabras nuevas ☆ estudiante ★ ciencias ★ universidad ★ médica ★ caro ★ oportunidad ★ Connecticut ★ recoger ★ seminario de Mt. Holyoke ★ directora ★ materias

MARY LYON

Mary Lyon nació en 1797. Vivía en una granja en Massachusetts. En su familia había siete niños, y todos ellos ayudaban con el trabajo de la granja. Mary asistió a una escuela cerca de su casa. Era una niña muy lista y una estudiante excelente.

Mary Lyon trabajó mucho en la escuela. Le encantaban leer y aprender. Decidió hacerse maestra, y lo hizo cuando tenía 17 años.

En esa época muchos pensaban que las mujeres no eran tan listas como los hombres. No creían los hombres que las mujeres pudieran aprender matemáticas y ciencias. Sólo los hombres estudiaban esas materias.

Cuando Mary Lyon se hizo maestra, había muy pocas mujeres que fueran maestras. Sólo los hombres podían asistir a la universidad.

Después de asistir a la escuela secundaria, los hombres podían estudiar en un colegio o una universidad. Pero a las mujeres no se les permitía asistir a la universidad. Las mujeres no podían ser médicas ni abogadas. Muy pocas eran maestras. Los hombres creían que las mujeres debían cocinar, limpiar y encargarse de sus familias.

Mary Lyon sabía que las mujeres eran tan listas como los hombres y quería que a ellas se les dieran las mismas oportunidades. Quería que las mujeres estudiaran en los colegios y las universidades.

Lyon decidió fundar un colegio para mujeres. No quería que fueran caros los estudios. De esta manera, todas las mujeres podrían estudiar en su colegio. Lyon viajó por Massachusetts y Connecticut y le pidió fondos a la gente para construir el colegio. Busca Connecticut en el mapa de la página 29. Lyon recibió miles de dólares, y en 1836 había suficiente dinero para empezar la construcción.

En 1837 en Massachusetts, el colegio de Mary Lyon abrió sus puertas. Se llamó el seminario de Mt. Holyoke y Mary Lyon fue la primera directora.

Mary Lyon llamó a su colegio el seminario de Mt. Holyoke.

Cien mujeres empezaron a estudiar allí. Algunas eran ricas, pero otras eran pobres. Todas aprendían las mismas materias que estudiaban los hombres: matemáticas, ciencias, idiomas y estudios sociales.

Durante los 12 años que fue directora de Mt. Holyoke, Mary Lyon ayudó a 2,000 mujeres. Ella murió en 1849. Poco después, se fundaron más universidades para mujeres en los Estados Unidos. Aún más tarde se les permitió estudiar en algunas de las universidades para hombres. Hoy en día el seminario de Mt. Holyoke se llama Mt. Holyoke College.

Sin duda, Mary Lyon era una líder importante en la educación de la mujer.

USA LO QUE HAS APRENDIDO

★ Lee y recuerda

Parea ★ Completa cada oración del grupo A con palabras del grupo B. Escribe la letra de la respuesta en el espacio en blanco.

<table>
<tr><td>GRUPO A</td><td>GRUPO B</td></tr>
<tr><td>1. Las mujeres no podían hacerse ____.</td><td>a. en las universidades</td></tr>
<tr><td></td><td>b. el seminario de Mt. Holyoke</td></tr>
<tr><td>2. A las mujeres no se les permitía estudiar ____.</td><td>c. la directora</td></tr>
<tr><td>3. El primer colegio para mujeres se llamaba ____.</td><td>d. médicas y abogadas</td></tr>
<tr><td></td><td>e. tan listas</td></tr>
<tr><td>4. Lyon recibió fondos de la gente en ____.</td><td>f. Massachusetts y Connecticut</td></tr>
<tr><td>5. Muchos no creían que las mujeres fueran ____ como los hombres.</td><td></td></tr>
<tr><td>6. Mary Lyon fue ____ del seminario de Mt. Holyoke.</td><td></td></tr>
</table>

★ Razona y aplica

Ordena los hechos ★ Indica el orden en que ocurrieron los hechos. Escribe 1, 2, 3 ó 4 junto a cada oración.

_____ Mary Lyon recibió miles de dólares para fundar su colegio para mujeres.

_____ Mary Lyon se hizo maestra cuando tenía 17 años.

_____ En 1836, había suficiente dinero para construir Mt. Holyoke.

_____ Mary Lyon fue la directora de Mt. Holyoke por 12 años.

★ Composición

¿Qué pueden hacer las mujeres en la actualidad que no podían hacer en 1837? Cuenta cómo ha cambiado la vida de las mujeres. Usa por lo menos tres ideas de este capítulo.

_____

_____

_____

_____

_____

_____

_____

_____

_____

_____

★ Crucigrama

En cada una de las oraciones que siguen, falta una palabra. Escoge la palabra en negrita que completa cada oración. Escribe la palabra en el lugar correspondiente en el crucigrama.

HORIZONTALES

**médica   materias   oportunidad
idiomas   Massachusetts**

1. Mary Lyon quería que las mujeres tuvieran la misma _____ que los hombres.

2. Hace muchos años, una mujer no podía ser abogada ni _____.

3. Las matemáticas y las ciencias son _____ escolares.

4. Las mujeres aprendían a hablar diferentes _____ en Mt. Holyoke.

5. Mt. Holyoke estaba en _____.

VERTICALES

**recibió   estudiante   granja
College   maestras**

6. Mary Lyon _____ mucho dinero para construir un colegio.

7. Cuando Mary era joven, pocas mujeres eran _____.

8. De niña, Mary vivía en una _____.

9. El seminario de Mt. Holyoke se llama ahora Mt. Holyoke _____.

10. Mary era una _____ excelente en la escuela.

CAPÍTULO 16 Texas rompe con México

Palabras nuevas ☆ Stephen Austin ★ texanos ★ José Antonio Navarro ★ Lorenzo de Zavala ★ fuerte ★ Álamo ★ Santa Anna ★ Sam Houston ★ la guerra por la independencia de Texas ★ recordar ★ San Jacinto ★ república ★ vicepresidente ★ romper con

STEPHEN AUSTIN

México y el sudoeste de los Estados Unidos le pertenecieron a España por 300 años. En 1821 México se convirtió en un país libre. Al lograr su independencia de España, México gobernaba el sudoeste de los Estados Unidos. Texas, que está en el sudoeste, también era parte de México en 1821.

Moses Austin quería fundar una colonia para los estadounidenses en Texas pero murió antes de poder hacerlo. Su hijo, Stephen Austin, decidió llevar a cabo el plan de su padre de establecerse en Texas.

Austin les vendió tierras a muchas familias que querían mudarse a Texas.

90

Santa Anna y 3,000 soldados atacaron el Álamo.

México dijo que los nuevos colonos en Texas tendrían que obedecer las leyes mexicanas.

Stephen Austin fundó una colonia estadounidense en Texas en 1821. A los nuevos colonos les gustaba Texas. Como la tierra era barata, establecieron granjas grandes. Muchos estadounidenses, junto con los colonos de otros países, fueron a Texas. A los que vivían en Texas se les llamaban texanos.

En 1830 México pasó una ley que decía que los colonos no podían seguir mudándose a Texas. La mayoría de los colonos eran estadounidenses. A los texanos no les gustó esta ley. Tampoco les gustaban otras leyes mexicanas como las de impuesto y la que decía que los colonos debían ser católicos. Los texanos querían redactar las leyes de Texas, pero México no permitía que lo hicieran.

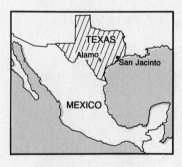

TEXAS Y MÉXICO

México estaba furioso con los nuevos colonos porque pocos de ellos se habían hecho "mexicanos". Muy pocos texanos hablaban español, y muchos no eran católicos. Los texanos decidieron que querían ser libres porque les disgustaban las leyes mexicanas. Querían romper con México.

Los texanos decidieron que Texas debía ser independiente de México. En marzo de 1836,

91

JOSÉ ANTONIO NAVARRO

LORENZO DE ZAVALA

redactaron su Declaración de la Independencia que decía que Texas ya no formaba parte de México.

Los texanos estadounidenses no eran los únicos que querían ser libres. Algunos texanos mexicanos también trabajaron para que Texas fuera independiente. José Antonio Navarro era un mexicano nacido en Texas y era amigo de Stephen Austin. Firmó la Declaración de la Independencia de Texas y, más adelante, ayudó a redactar su nueva constitución. Lorenzo de Zavala nació en México y fue a Texas con su familia. De Zavala también firmó la declaración y les dijo a los texanos que lucharan por su libertad.

Santa Anna, el presidente de México, no permitía que los texanos fueran independientes. Dirigió su ejército contra los texanos. Había 187 soldados texanos en el fuerte del Álamo y los atacó Santa Anna con 3,000 soldados mexicanos. Los texanos eran valientes y no se rindieron, pero Santa Anna ganó la batalla del Álamo. Se murieron los 187 soldados texanos.

Después de la batalla de San Jacinto, Santa Anna fue capturado y traído hasta Sam Houston. Houston había sido herido en una pierna durante la batalla.

SUZANNA DICKENSON SE ESCAPÓ
DEL ÁLAMO

SAM HOUSTON

Sam Houston se hizo comandante en jefe del ejército durante la guerra por la independencia de Texas. Sam les dijo a sus soldados que lucharan contra los mexicanos y que recordaran a los valientes que habían muerto en el Álamo. En abril 21 de 1836, los texanos lucharon de nuevo contra Santa Anna en el río San Jacinto. —¡Recuérdense el Álamo!—, gritaban los soldados de Sam Houston mientras luchaban. No duró mucho la batalla, pero la ganaron los texanos. Santa Anna se rindió, y los texanos eran libres.

Texas ya no era parte de México, pero tampoco era parte de los Estados Unidos. Se convirtió en una república, o sea, se hizo un país libre.

Los texanos votaban por sus líderes. Lorenzo de Zavala fue vicepresidente de Texas y Sam Houston fue su primer presidente.

Los texanos querían ser parte de los Estados Unidos, pero la nación no estaba preparada para tener otro estado.

USA LO QUE HAS APRENDIDO

★ Lee y recuerda

Dibuja una línea ★ Dibuja una línea desde el nombre de la persona hasta las palabras que expresan lo que ésta hizo.

1. Stephen Austin

2. José Antonio Navarro

3. Lorenzo de Zavala

4. Sam Houston

5. Santa Anna

a. era el comandante en jefe del ejército texano.

b. era el presidente de México.

c. ayudó a redactar la constitución de Texas.

d. llevó a cabo el plan de su padre de establecerse en Texas.

e. era el vicepresidente de la República de Texas.

Cierto o falso ★ Escribe una C junto a la oración si es cierta o una F si es falsa.

_____ 1. México se hizo independiente de España en 1821.

_____ 2. José Antonio Navarro fundó una colonia estadounidense en Texas.

_____ 3. Había más mexicanos que estadounidenses en Texas.

_____ 4. Los texanos dijeron que eran libres cuando redactaron la Declaración de la Independencia de Texas.

_____ 5. Los texanos ganaron la batalla del Álamo.

_____ 6. Texas se convirtió en una república libre después de la guerra por la independencia de Texas de 1836.

★ Razona y aplica

Compara ★ La guerra por la independencia de Texas ocurrió en 1836. Antes de que empezara la guerra, México y Texas estaban furiosos el uno con el otro. Tanto uno como el otro tenía sus propias razones. Vuelve a leer las páginas de la 90 a la 92. Escribe tres razones por las cuales cada bando estaba furioso.

¿Por qué estaba México furioso con Texas?

1. _____

_____

2. _____

_____

3. _____

_____

¿Por qué estaban los texanos furiosos con México?

1. _____

_____

2. _____

   _____

3. _____

   _____

★ Composición

Vuelve a leer sobre la guerra por la independencia de Texas. ¿Por qué era bueno gritar —¡Recuérdense del Álamo!— en la batalla cerca del río San Jacinto? Escribe un párrafo en que digas por qué. Incluye por lo menos tres razones.

_____

_____

_____

_____

_____

_____

_____

_____

_____

_____

_____

_____

CAPÍTULO 17 La nación sigue creciendo

Palabras nuevas ☆ aceptar ★ río Grande ★ la Guerra entre México y los Estados Unidos ★ tratado de paz ★ ciudadanos ★ la Cesión Mexicana ★ Nevada ★ Utah ★ Arizona ★ Compra de Gadsden ★ ferrocarril ★ mexicanoamericanos

Los texanos fundaron una nueva república, pero los mexicanos decían que Texas todavía le pertenecía a México. Aunque Santa Anna se había rendido ante los texanos, México no aceptó su rendición.

Los mexicanos dijeron que si Texas se hiciera estado de los Estados Unidos, habría guerra. A pesar de eso, los texanos querían ser parte de los Estados Unidos. En 1845 los senadores y los representantes estadounidenses hicieron de Texas el 28.º estado. México se enfureció.

Cuando bajaron la bandera de Texas, Texas se convirtió en el 28.º estado de los Estados Unidos.

Los soldados estadounidenses capturaron la Ciudad de México, la capital. Aquí se muestran a los soldados estadounidenses en el centro de la ciudad.

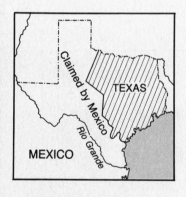

TERRITORIO DE TEXAS RECLAMADO POR MÉXICO EN 1846

En 1846 empezó una guerra entre los Estados Unidos y México. Los dos países estaban furiosos. Los Estados Unidos decía que las tierras al nordeste del río Grande eran parte de Texas. México decía que Texas era más pequeño y que las tierras al nordeste del río Grande eran parte de México.

Los dos países enviaron a sus soldados al río Grande donde empezaron a luchar. Así empezó la Guerra entre México y los Estados Unidos. Los soldados mexicanos lucharon valientemente. Sin embargo, los soldados estadounidenses capturaron a California y New Mexico. Ambos bandos lucharon ferozmente. Cuando los soldados estadounidenses fueron a México, capturaron la capital del país, la Ciudad de México. En 1848 los mexicanos se rindieron y la guerra terminó.

Los líderes de los Estados Unidos y México firmaron un tratado de paz en 1848. Éste decía que habría paz entre los países y que el río Grande sería la frontera entre Texas y México. Texas, New Mexico, California y la mayor parte del sudoeste ya formaron parte de los Estados Unidos. Este territorio se llamó la Cesión Mexicana.

Los Estados Unidos le pagó a México 15 millones de dólares por estas tierras. Además, los mexicanos del sudoeste podían hacerse ciudadanos de los Estados Unidos.

El territorio que obtuvo los Estados Unidos en 1848 resultó del Tratado de Guadalupe Hidalgo. Más tarde este territorio se convirtió en cinco estados— California, Nevada, Utah, Arizona y New Mexico. Busca este territorio en el mapa de esta página. Los Estados Unidos poseía entonces tierras desde el Océano Atlántico hasta el Océano Pacífico.

Los estadounidenses querían que un ferrocarril cruzara el sur de su país. Las tierras al sur de las del Tratado de Guadalupe Hidalgo eran perfectas para construir el ferrocarril. En 1853 los Estados Unidos le pagó 10 millones de dólares a México por estas tierras donde están Arizona y New Mexico en la actualidad. A este territorio se le conoció como la Compra de Gadsden. Busca la Compra de Gadsden en el mapa. Años más tarde, se construyó este ferrocarril.

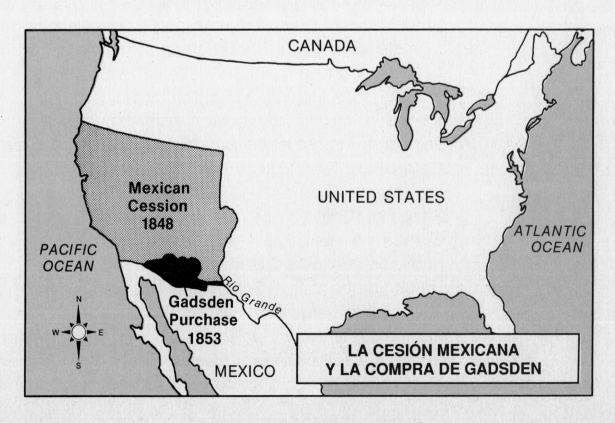

LA CESIÓN MEXICANA
Y LA COMPRA DE GADSDEN

Los mexicanos del sudoeste se hicieron ciudadanos estadounidenses después de la guerra. Los llamaban mexicanoamericanos. Muchos de ellos no estaban contentos cuando México perdió la guerra en 1848 porque algunos perdieron parte de sus tierras.

Muchos mexicanoamericanos trataron de ayudar a su nuevo país, construyendo granjas y ferrocarriles. Ayudaron también a otros ciudadanos a buscar oro en el sudoeste.

El territorio entre el Océano Atlántico y el Océano Pacífico ahora le pertenecía a los Estados Unidos, un país poderoso con muchas tierras y muchos habitantes nuevos.

USA LO QUE HAS APRENDIDO

★ Lee y recuerda

Completa ★ Escoge una palabra o frase en negrita para completar cada oración. Escríbela en el espacio en blanco .

sur	Texas	río Grande
Pacífico	México	New Mexico

1. En 1846 empezó una guerra entre los Estados Unidos y

   _____.

2. Los dos países lucharon por las tierras en _____.

3. El tratado de paz de 1848 decía que el _____ sería la frontera entre Texas y México.

4. Después de la guerra, los Estados Unidos poseía tierras desde

   el Océano Atlántico hasta el Océano _____.

5. Los estadounidenses querían construir un ferrocarril que cruzara el

   _____ de los Estados Unidos.

6. Se vendieron partes del sur de Arizona y _____ en la Compra de Gadsden.

¿Cuándo ocurrió? ★ Escribe la fecha correcta junto a cada pregunta.

1. ¿Cuándo se convirtió Texas en un estado? _____

2. ¿Cuándo empezó la Guerra entre México y los Estados Unidos?

   _____

3. ¿Cuándo perdió México la guerra? _____

4. ¿Cuándo firmaron los dos países un tratado de paz? _____

5. ¿Cuándo pagó los Estados Unidos 10 millones de dólares por

   la Compra de Gadsden? _____

★ Razona y aplica

Causa y efecto ★ Lee los pares de oraciones. Escribe una **C** junto a la oración que indica una causa y una **E** junto a la que indica un efecto.

1. _____ Texas se convirtió en un estado.

   _____ México y los Estados Unidos lucharon en una guerra.

2. _____ México se rindió en 1848.

   _____ Los Estados Unidos capturó la capital de México.

3. _____ En 1848, los Estados Unidos adquirió territorio como resultado del Tratado de Guadalupe Hidalgo.

   _____ California, Nevada, Utah, Arizona y New Mexico se convirtieron en parte de los Estados Unidos.

4. _____ Los Estados Unidos hizo la Compra de Gadsden.

   _____ Los Estados Unidos quería construir un ferrocarril que cruzara el sur.

5. _____ Los Estados Unidos pagó 10 millones de dólares por la Compra de Gadsden.

   _____ Los Estados Unidos tenía tierras para construir el ferrocarril que cruzara el sur.

★ Desarrollo de destrezas

Usa las direcciones de un mapa ★ Vuelve a observar el mapa de la página 98. Dibuja un círculo alrededor de la palabra que complete cada oración.

1. La Compra de Gadsden está al ___ de México.

   este   sur   norte

2. El Océano Pacífico está al ___ de las tierras del Tratado de Guadalupe Hidalgo.

   sudeste   este   oeste

3. El río Grande está al ___ de la Compra de Gadsden.

   sur   sudoeste   este

4. Las tierras de la Cesión Mexicana están al ___ de la Compra de Gadsden.

   sur   sudeste   norte

5. México está al ___ de los Estados Unidos.

   sur   norte   oeste

★ Composición

Los Estados Unidos y México firmaron un tratado en 1848. ¿Fue mejor este tratado para México o para los Estados Unidos? Escribe un párrafo explicando por qué.

_____

_____

_____

_____

_____

_____

★ Crucigrama

En cada una de las oraciones que siguen, falta una palabra. Escoge la palabra en negrita que completa cada oración. Escribe la palabra en el lugar correspondiente en el crucigrama.

HORIZONTALES

**guerra   Gadsden
ferrocarril   California**

1. La _____ entre México y los Estados Unidos empezó después de que Texas se hiciera un estado.

2. En 1853 los Estados Unidos hizo la Compra de _____.

3. _____ era parte del Tratado de Guadalupe Hidalgo.

4. Los estadounidenses construyeron un _____ que cruzaba la Compra de Gadsden.

VERTICALES

**Guadalupe   Nevada
tratado   ciudadanos**

5. La tierra que obtuvo los Estados Unidos en 1848 fue resultado del Tratado de _____ Hidalgo.

6. _____ era parte de la Cesión Mexicana.

7. En 1848 los Estados Unidos y México firmaron un _____ de paz.

8. Los mexicanos del sudoeste se hicieron _____ de los Estados Unidos.

CAPÍTULO 18 Hacia Oregon y California

Palabras nuevas ☆ los años cuarenta ★ carretas cubiertas ★ bueyes ★ caravana ★ seguir ★ Sendero de Oregon ★ costa ★ Idaho ★ mientras ★ James Marshall ★ fiebre del oro ★ América del Sur ★ suerte ★ fábricas

UNA CARRETA CUBIERTA

—¡A Oregon! ¡Vámonos a Oregon!—dijeron miles de estadounidenses en los años cuarenta. En Oregon había muchos árboles para construir casas y buenas tierras para cultivar. Pronto muchos estadounidenses viajaron al oeste hacia el territorio de Oregon.

El viaje a Oregon era largo y lento. No había carreteras. Las familias viajaban en carretas cubiertas arrastradas por caballos y bueyes. En 1843 muchas familias en 120 carretas cubiertas se encontraron en Independence, Missouri.

El viaje en carreta a Oregon tardaba meses. Casi no había poblaciones en el camino.

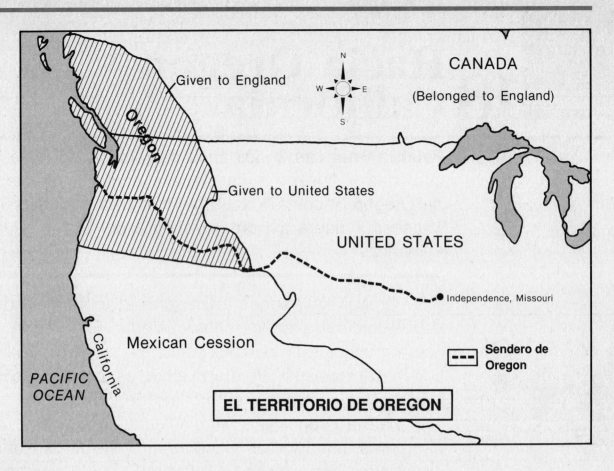

Given to England

CANADA
(Belonged to England)

Oregon

Given to United States

UNITED STATES

Independence, Missouri

Mexican Cession

California

PACIFIC
OCEAN

--- Sendero de
Oregon

EL TERRITORIO DE OREGON

Estas 120 carretas cubiertas formaron una caravana. Las carretas viajaron por los Grandes Llanos y las Montañas Rocosas hasta llegar a Oregon. El viaje tardó seis meses.

Después de viajar muchas millas, las familias finalmente llegaron al territorio de Oregon. Estas familias siguieron un camino hasta Oregon que se llegó a conocer como el Sendero de Oregon. Busca el Sendero de Oregon en el mapa de esta página. Miles de personas fueron a Oregon por este camino. Fueron algunos de los primeros estadounidenses en establecerse en la costa del Pacífico.

El territorio de Oregon era mucho más grande de lo que es el estado de Oregon hoy en día. Incluía partes de muchos estados y parte de Canadá. Inglaterra y los Estados Unidos habían compartido este territorio por muchos años, y ninguno de los dos países podía decidir cómo dividirlo. Muchos pensaban que Inglaterra y los Estados Unidos lucharían por Oregon, pero esta vez los dos países no lucharon sino que firmaron un tratado de paz en 1846.

El tratado decía que el norte de Oregon le pertenecía a Canadá. Canadá y el norte de Oregon le pertenecían a Inglaterra. El sur de Oregon se convirtió en parte de los Estados Unidos. Nuestros estados de Oregon, Washington y Idaho eran parte del territorio de Oregon.

El gobierno de los Estados Unidos les dio tierras gratis a las familias que se mudaron a Oregon. Muchos estadounidenses viajaron al territorio por el Sendero de Oregon para obtener estas tierras. En 1859 los senadores y representantes de los Estados Unidos votaron para que Oregon se hiciera un estado.

Mientras muchos se mudaban a Oregon, otros viajaban a California. Un día en 1848, James Marshall encontró pepitas de oro en un río en California. Poco después, todo el mundo sabía que Marshall había encontrado oro.

Muchos fueron a California a buscar oro. En un año, San Francisco pasó de ser una tranquila villita a ser una ciudad grande y ruidosa.

Personas de todos los Estados Unidos empezaron a mudarse a California. —¡Oro! ¡Oro! ¡Hay oro en California!—decían los que viajaban a California. Querían encontrar oro y hacerse ricos. Decimos que en California hubo la "fiebre del oro" en 1848 y 1849 porque miles de personas fueron a buscar oro. Para llegar a California, algunos viajaron en barco alrededor de la América del Sur. Otros cruzaron los Estados Unidos en carretas cubiertas.

BUSCANDO ORO

Algunas personas tuvieron suerte en California; encontraron oro y se hicieron ricas. La mayoría no encontró oro. A pesar de la suerte, muchas personas se quedaron en California. Construyeron granjas, fábricas, tiendas y casas. También fundaron muchas ciudades nuevas. En 1850 los senadores y los representantes en Washington votaron para que California fuera un estado.

La fiebre del oro hizo que miles de personas se establecieran en California. El Sendero de Oregon llevó a miles de estadounidenses al noroeste. Cada año, se mudaban más estadounidenses al oeste a Oregon y a California.

USA LO QUE HAS APRENDIDO

★ Lee y recuerda

Completa la oración ★ Dibuja un círculo alrededor de la palabra o frase que complete cada oración.

1. En el viaje a Oregon, las carretas cubiertas pasaron por _____.

   las Montañas Rocosas   Canadá   México

2. Miles de personas se fueron al territorio de Oregon en los _____.

   años veinte   años treinta   años cuarenta

3. En 1843 unas familias se reunieron en _____ para formar una caravana.

   Idaho   Missouri   Massachusetts

4. En 1846 el norte del territorio de Oregon se convirtió en parte de
_____.

  los Estados Unidos   Canadá   Washington

5. Oregon, Washington y _____ eran parte del territorio de Oregon.

  Arizona   Idaho   Texas

6. A las familias que se mudaron a Oregon les daban _____ gratis.

  carretas   casas   tierras

7. En 1848 y 1849, la gente viajaba a California a buscar _____.

  plata   oro   árboles

8. California se convirtió en un estado en _____.

  1850   1859   1860

★ Razona y aplica

Busca la relación ★ Lee los hechos que siguen. Busca en el cuadrado el evento relacionado a cada hecho. Escribe la letra del evento junto a la oración.

1. _____ Se encontró oro en California.

2. _____ No había carreteras a California.

3. _____ El gobierno de los Estados Unidos les dio tierras gratis a los que se mudaron a Oregon.

4. _____ Inglaterra y los Estados Unidos decidieron compartir el territorio de Oregon.

5. _____ No había carreteras a Oregon.

  a. El viaje a Oregon era largo y lento.
  b. La gente viajaba a California.
  c. Algunas personas viajaron alrededor de la América del Sur para llegar a California.
  d. Los Estados Unidos e Inglaterra firmaron un tratado en 1846.
  e. Muchos estadounidenses se mudaron a Oregon.

★ Desarrollo de destrezas

Lee un mapa histórico ★ El mapa que sigue muestra cómo creció el territorio de los Estados Unidos. Fíjate en cada zona y en cuándo se convirtió en parte de los Estados Unidos.

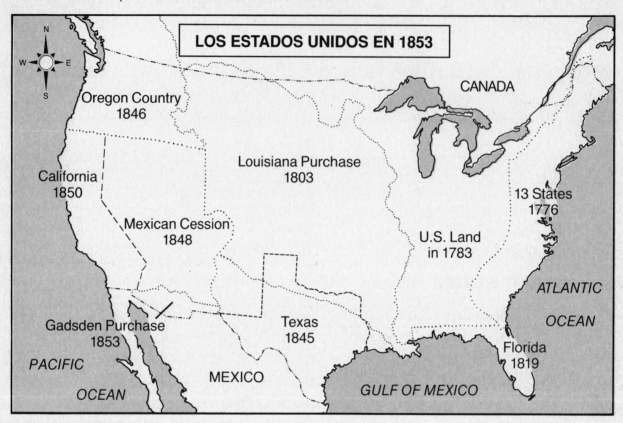

Usa el mapa para contestar estas preguntas.

1. ¿Qué tierras formaron parte de los Estados Unidos en 1776?

   Texas   los primeros 13 estados   Louisiana

2. ¿Qué estado del sudeste era parte de España antes de 1819?

   Oregon   Massachusetts   Florida

3. ¿Qué tierras compró los Estados Unidos en 1803?

   New York   la Compra de Louisiana   Texas

4. ¿Qué territorio del noroeste se convirtió en parte de los Estados Unidos en 1846?

   Oregon   Massachusetts   Louisiana

5. ¿Qué tierras compró los Estados Unidos en 1853?

   la Compra de Gadsden   Oregon   Texas

CAPÍTULO 19 Los estados del sur se separan

Palabras nuevas ☆ reñir ★ negros ★ esclavos ★ plantaciones ★ algodón ★ caña de azúcar ★ tabaco ★ esclavitud ★ Harriet Tubman ★ huir ★ productos ★ Abe Lincoln ★ Estados Confederados ★ once

Los Estados Unidos se había convertido en un país muy grande después de la guerra contra México, pero tenía problemas graves. Los estados del norte, conocidos como el Norte, reñían con los del sur, conocidos como el Sur. ¿Por qué se reñían?

En el capítulo 5, aprendiste que los ingleses fundaron las colonias en América. En 1619 los ingleses trajeron a personas negras de África a América para trabajar. La mayoría de estos negros eran esclavos. Un esclavo es una persona que es la propiedad de otra. Los esclavos no son libres y no se les paga por su trabajo.

Al principio, había esclavos tanto en el Norte como en el Sur. Como las granjas del Norte eran pequeñas,

LA VENTA DE ESCLAVOS

En el sur los esclavos hacían la mayoría del trabajo en las plantaciones.

Muchas veces los esclavos huían a lugares donde pudieran ser libres.

no se necesitaban esclavos para hacer el trabajo. Después de muchos años, había muy pocos esclavos en el Norte.

En el Sur, algunas personas eran dueñas de granjas muy grandes, llamadas plantaciones. En éstas se cultivaban algodón, caña de azúcar y tabaco. Los dueños necesitaban a muchos trabajadores. Por eso, compraban esclavos para hacer el trabajo.

Las granjas del Norte no eran tan grandes como las plantaciones del sur, y los granjeros norteños no compraban esclavos. Los dueños de las plantaciones pensaban que no podrían hacerse cargo de sus cosechas sin los esclavos.

Después de la guerra contra México, se mudaban al oeste los estadounidenses. Muchos sureños querían establecer plantaciones en el oeste y llevarse a sus esclavos, pero los norteños no querían la esclavitud en el oeste.

El Norte y el Sur empezaron a reñirse. Los norteños decían que las personas debían ser libres y que una persona no podía ser dueña de otra. Los sureños decían que la Constitución les permitía tener esclavos.

Los sureños decían que los norteños no debían decirles lo que tenían que hacer. El Norte quería redactar nuevas leyes en contra de la esclavitud en el oeste, y esto enfureció al Sur.

Harriet Tubman ayudaba a muchos hombres y mujeres esclavos a ser libres. Ella también había sido esclava y había huido al Norte donde se hacía libre. Regresó al Sur y ayudó a los esclavos a escapar a Canadá, donde podrían ser libres. Harriet ayudaba a centenares de esclavos a ser libres.

El Norte y el Sur también se reñían sobre una ley de impuestos. En las fábricas del Norte se hacían zapatos, ropa y otras cosas. Había pocas fábricas en el Sur, y los sureños tenían que comprar muchas cosas del Norte y de Europa. Los norteños querían que los sureños pagaran un impuesto por todo lo que compraban de Europa. El impuesto hacía que los artículos europeos fueran más caros. Las fábricas del Norte también subieron los precios de sus

HARRIET TUBMAN

Estados y territorios confederados

LA UNIÓN Y LOS ESTADOS CONFEDERADOS

productos. El Sur no quería pagar más por los artículos del Norte y de Europa.

En 1860 Abe Lincoln fue elegido presidente de los Estados Unidos. Lincoln dijo que la esclavitud no se debía permitir en el oeste. Los del Norte estaban de acuerdo, pero los del Sur, no.

Los sureños decidieron separarse de los Estados Unidos. En 1861 once estados se separaron de los Estados Unidos y fundaron un nuevo país. El nuevo país se llamaba los Estados Confederados de América.

Abe Lincoln estaba muy triste porque decía que los Estados Unidos debería ser un solo país, no dos. ¿Se convertirían nuevamente los Estados Unidos y los Estados Confederados en un solo país? ¿Habría una guerra para que esto sucediera? Encontrarás estas respuestas en el capítulo 20.

ABE LINCOLN

USA LO QUE HAS APRENDIDO

★ Lee y recuerda

Cierto o falso ★ Escribe una **C** junto a la oración si es cierta o una **F** si es falsa.

_____ 1. A los esclavos se les pagaba por su trabajo.

_____ 2. Los esclavos trabajaban en grandes plantaciones en el Norte.

_____ 3. Había muchas fábricas en el Norte.

_____ 4. Los sureños decían que la Constitución les permitía tener esclavos.

_____ 5. El presidente Lincoln decía que se debía permitir la esclavitud en el oeste.

_____ 6. Once estados se separaron de los Estados Unidos y formaron los Estados Confederados de América.

_____ 7. Harriet Tubman ayudaba a los esclavos a escapar a Canadá.

★ Razona y aplica

Compara ★ Lee las oraciones que siguen y decide si se refieren al Norte o al Sur. Escribe una **N** junto a cada oración que se refiere al Norte y una **S** junto a cada una que se refiere al Sur.

_____ 1. Había grandes plantaciones con muchos esclavos.

_____ 2. Había pequeñas granjas con pocos esclavos.

_____ 3. Se cultivaban algodón, caña de azúcar y tabaco en las plantaciones.

_____ 4. Se hacían zapatos y ropa en las fábricas.

_____ 5. Había muchas fábricas en las que se le pagaba a la gente por su trabajo.

_____ 6. Muchos decían que nadie tenía derecho de ser dueño de otra persona.

_____ 7. Sus habitantes creían que necesitaban a los esclavos para establecer plantaciones en el oeste.

_____ 8. Las personas no querían pagar más por los artículos hechos en las fábricas norteñas.

★ Composición

En 1861 el Sur fundó los Estados Confederados de América. Escribe un párrafo en que expliques tres razones por las cuales los estados sureños fundaron este nuevo país.

_____

_____

_____

_____

_____

_____

_____

★ Desarrollo de destrezas

Lee una gráfica de barras ★ Las gráficas son dibujos que te ayudan a comparar hechos. La gráfica de esta página es una **gráfica de barras**. Muestra los hechos por medio de barras de distintas longitudes. Esta gráfica de barras muestra el número de personas que vivía en los Estados Unidos en 1860.

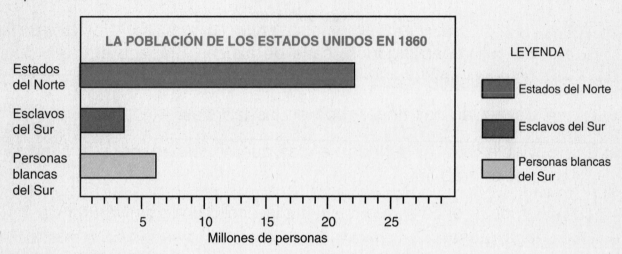

Usa la gráfica de barras para contestar estas preguntas.

1. ¿Cuántas personas vivían en el Norte?

   3 1/2 millones   casi 6 millones   22 millones

2. ¿Cuántos esclavos vivían en el Sur?

   3 1/2 millones   casi 6 millones   22 millones

3. ¿Qué grupo tenía una población mayor?

   Estados del Norte   Esclavos del Sur   Personas blancas del Sur

Prepara una gráfica ★ En 1863 había 11 Estados Confederados y 24 estados de la Unión. En la gráfica que sigue, dibuja una barra por cada grupo de estados.

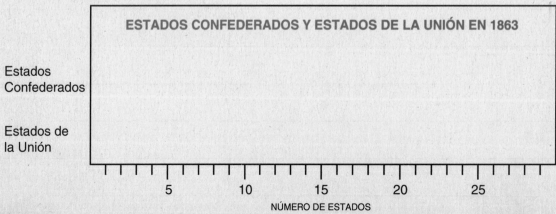

114

CAPÍTULO20 La Guerra Civil

Palabras nuevas ☆ Unión ★ Fort Sumter ★ confederados ★ Guerra Civil ★ Confederación ★ Robert E. Lee ★ bondadoso ★ destruir ★ Richmond ★ reconstruir

EL CLARÍN DE UN
SOLDADO CONFEDERADO

El Sur había fundado el nuevo país llamado los Estados Confederados de América. El presidente Abe Lincoln no quería que el Norte luchara contra el Sur. Quería que el Sur volviera a ser parte de los Estados Unidos, o sea, "la Unión". El Sur no quería luchar contra la Unión, pero no quería ser parte de ésta tampoco.

Fort Sumter era un fuerte del ejército de los Estados Unidos. El fuerte estaba en South Carolina, uno de los estados confederados. A las personas

Fort Sumter estaba en South Carolina, un estado confederado, pero era del ejército de los Estados Unidos. Los confederados lo atacaron.

115

Muchas personas murieron en la Guerra Civil.

ABE LINCOLN

que vivían en los Estados Confederados se les llamaban confederados. Los confederados decían que los Estados Unidos tenía que darles Fort Sumter, pero los soldados de la Unión se negaron a entregarles este fuerte.

En 1861 los soldados confederados empezaron a disparar contra Fort Sumter, y los soldados de la Unión se rindieron. Había comenzado la guerra entre los estados del Norte y los del Sur. A esta guerra la llamamos la Guerra Civil. El Sur luchaba por tener su propio país, los Estados Confederados de América. El Norte luchaba para que todos los estados fueran parte de la Unión.

Al principio, los confederados estaban seguros de que ganarían la guerra. Tenían buenos generales del ejército y valientes soldados. Pero el Norte era más fuerte que el Sur. El Norte tenía más personas, más soldados, más dinero para pagar una guerra y más ferrocarriles. Los soldados de la Unión viajaban en estos ferrocarriles. Además, el Norte tenía más fábricas para producir armas de guerra.

El presidente Lincoln era líder de la Unión. Él había asistido a la escuela por menos de un año.

Aprendió por sí mismo muchas cosas a través de los libros. Se convirtió en un buen líder. Él quería que el Norte y el Sur fueran de nuevo una sola nación.

Lincoln quería que los esclavos fueran libres. En 1863 proclamó que todos los esclavos de los Estados Confederados eran libres.

Robert E. Lee era el líder del ejército confederado. Lee amaba los Estados Unidos y no quería que hubiera esclavitud. También amaba su estado de Virginia. Aunque Lincoln quería que Lee fuera el líder del ejército de la Unión, Lee no quería luchar contra su familia y sus amigos. Por eso, se hizo líder de los confederados. Lee era un hombre bondadoso y un líder excelente. Dirigió a los soldados confederados por cuatro años.

Al principio, el Sur ganó muchas batallas. Se luchó la mayoría de éstas en el Sur, destruyendo casas, ciudades y plantaciones. Los soldados del Norte capturaron New Orleans y otras ciudades sureñas.

En 1865 los soldados de la Unión capturaron Richmond, Virginia, la capital de los Estados Confederados. Entonces, Robert E. Lee supo que los confederados no ganarían la guerra. Pues, su ejército estaba débil por falta de alimentos.

ROBERT E. LEE

En Richmond muchos edificios fueron destruidos. Richmond era la capital de los Estados Confederados de América.

LAS BANDERAS DE BATALLA DE LOS
CONFEDERADOS Y DE LA UNIÓN

Lee no quería que más personas murieran en la guerra y se rindió en abril de 1865. La guerra terminó. Se hicieron planes para que los Estados Confederados volvieran a la Unión. Robert E. Lee regresó a Virginia y les dijo a los sureños que ayudaran a los Estados Unidos a convertirse en un país poderoso.

El presidente Lincoln estaba contento de que los Estados Unidos fuera una sola nación de nuevo. Abe Lincoln quería que todos los estadounidenses reconstruyeran el Sur y que los habitantes del Norte y del Sur se llevaran bien. Pocos días después de terminar la guerra, Lincoln fue asesinado. Los estadounidenses del Norte y del Sur estaban tristes porque había muerto su gran líder.

Los norteños y los sureños volvieron a ser estadounidenses. Juntos continuarían formando una gran nación en América.

USA LO QUE HAS APRENDIDO

★ **Lee y recuerda**

Escribe la respuesta ★ Escribe una oración que conteste la pregunta.

1. ¿Por qué atacaron Fort Sumter los confederados? _____

_____

_____

2. ¿Por qué era el Norte más fuerte que el Sur? (Escribe dos

oraciones.) _____

_____

_____

3. ¿Qué proclamó Abe Lincoln en 1863? _____

_____

_____

4. ¿Cuándo terminó la Guerra Civil? _____

_____

Completa ★ Escoge una palabra o frase en negrita para completar cada oración. Escribe la palabra o frase en el espacio en blanco.

      Abe Lincoln   New Orleans   Robert E. Lee
      Fort Sumter   Richmond

1. _____ fue el presidente de la Unión durante la Guerra Civil.

2. La Unión se rindió y entregó _____ en South Carolina.

3. _____ era la capital de los Estados Confederados de América.

4. _____ era el líder de los soldados confederados.

5. Los soldados de la Unión capturaron _____ y Richmond.

★ Composición

Escribe sobre la Guerra Civil. Describe cómo empezó o cómo terminó. Escribe por lo menos tres oraciones.

_____

_____

_____

_____

_____

_____

_____

★ Desarrollo de destrezas

Lee una tabla ★ Una **tabla** muestra un grupo de hechos. Puedes comparar los hechos cuando lees las tablas. Observa la tabla que sigue.

LA UNIÓN Y LA CONFEDERACIÓN ANTES DE LA GUERRA CIVIL		
	UNIÓN	CONFEDERACIÓN
Dinero en el banco	$330,000,000	$47,000,000
Número de fábricas y tiendas	111,000	21,000
Millas de vías ferroviarias	22,000	9,000

Para enterarte de hechos de la Unión y la Confederación, lee los números que aparecen debajo de cada título. Lee la tabla de izquierda a derecha para averiguar qué quieren decir estos números. Ahora, contesta estas preguntas.

1. ¿Cuánto dinero tenía la Unión?_____

_____

2. ¿Cuántas fábricas y tiendas tenían los confederados?

_____

3. ¿Cuántas millas de vías ferroviarias tenía la Unión?

_____

4. ¿Qué grupo tenía menos dinero?_____

_____

5. ¿Qué grupo tenía más tiendas y fábricas?_____

_____

★ Razona y aplica

Busca la idea principal ★ Lee los grupos de oraciones que siguen. Una oración es la idea principal. Las otras dos apoyan esta idea. Escribe una **P** junto a la oración que exprese la idea principal de cada grupo.

1. _____ El Sur tenía buenos generales del ejército.

   _____ Los confederados creyeron que ganarían la guerra.

   _____ El Sur tenía soldados valientes.

2. _____ El Norte tenía más fábricas que el Sur.

   _____ El Norte tenía más soldados que el Sur.

   _____ El Norte era más fuerte que el Sur.

3. _____ El Norte y el Sur lucharon en Fort Sumter.

   _____ Fort Sumter estaba en uno de los estados confederados.

   _____ Los soldados de la Unión se negaron a entregar Fort Sumter.

4. _____ La capital de los confederados había sido capturada.

   _____ Los confederados se rindieron en abril de 1865.

   _____ El ejército confederado tenía hambre y estaba débil.

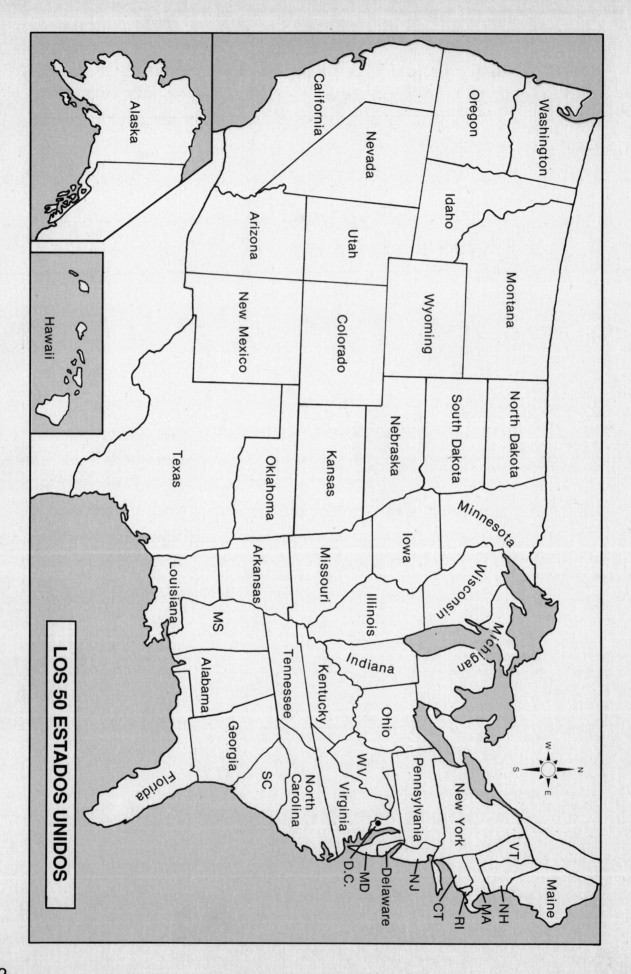

LOS 50 ESTADOS UNIDOS

Alaska

Hawaii

California
Oregon
Washington
Nevada
Idaho
Arizona
Utah
Montana
Wyoming
New Mexico
Colorado
South Dakota
North Dakota
Nebraska
Texas
Oklahoma
Kansas
Minnesota
Arkansas
Missouri
Iowa
Wisconsin
Louisiana
MS
Illinois
Michigan
Alabama
Tennessee
Kentucky
Indiana
Georgia
SC
North Carolina
Ohio
WV
Virginia
Pennsylvania
New York
Florida
D.C.
MD
Delaware
NJ
CT
RI
MA
NH
VT
Maine

122

ÍNDICE

LISTA DE MAPAS